Ingvelde Scholz und Jürgen Sauter

Phaedrus Fabeln

Ein kompetenzorientiertes Lektüreprojekt
mit Binnendifferenzierung

mit Illustrationen von Wiebke Emrich

2., durchgesehene Auflage

Vandenhoeck & Ruprecht

Bibliographische Information der Deutschen Nationalbibliothek

Die Deutsche Nationalbibliothek verzeichnet diese Publikation in der Deutschen Nationalbibliografie; detaillierte bibliografische Daten sind im Internet über http://dnb.d-nb.de abrufbar.

ISBN 978-3-525-79024-3

© 2011, 2009, Vandenhoeck & Ruprecht GmbH & Co. KG, Göttingen
Vandenhoeck & Ruprecht LLC, Oakville, CT, U.S.A.
www.v-r.de
Alle Rechte vorbehalten. Das Werk und seine Teile sind urheberrechtlich geschützt. Jede Verwertung in anderen als den gesetzlich zugelassenen Fällen bedarf der vorherigen schriftlichen Einwilligung des Verlages.
Printed in Germany.

Druck und Bindung: ⊕ Hubert & Co, Göttingen

Gedruckt auf alterungsbeständigem Papier.

Inhalt

INGVELDE SCHOLZ
Viele Wege führen nach Rom
Didaktisch-methodische Vorbemerkungen 7

INGVELDE SCHOLZ / JÜRGEN SAUTER
Materialien zur Einführung E 1 - E 6 16

INGVELDE SCHOLZ
Materialien zum Wortschatz- und Formentraining W I,1 - W III,15
sowie F 1 - F 3 und L WF 22

INGVELDE SCHOLZ
Materialien zur Übersetzung Ü I,1 - Ü III,15 und L Ü 39

JÜRGEN SAUTER
Materialien zur Interpretation I I,1 - I III,15 und L I 65

INGVELDE SCHOLZ
Materialien zur Gruppenarbeit GA 1 - 2 90

JÜRGEN SAUTER
Material zum Ausklang A 1 92

INGVELDE SCHOLZ / JÜRGEN SAUTER
Differenzierte Klassenarbeit KA 1 - 3 93

Das Autorenteam 96

Die Lerngruppen im Lateinunterricht werden immer bunter: Die Heterogenität bezüglich Leistung, Motivation, Begabungen und Interessen erfahren Lateinlehrkräfte tagtäglich. Von ihnen wird erwartet, den unterschiedlichen Voraussetzungen und Bedürfnissen der Schülerinnen und Schüler gerecht zu werden, um jedem Einzelnen einen möglichst großen Lernerfolg zu ermöglichen.

Das Autorenteam hat sich mit der vorliegenden Phaedrus-Lektüre das Ziel gesetzt, der bunten Vielfalt der Lerngruppe mit einem differenzierten und kompetenzorientierten Angebot zu begegnen. Zu sämtlichen Arbeitsbereichen des Lateinunterrichts werden Aufgaben und Materialien angeboten, die nach Lernwegen, Interessen, Umfang und Anforderungsniveau differenziert sind.

Die zahlreichen Kopiervorlagen können unmittelbar im Lateinunterricht eingesetzt werden.

Viele Wege führen nach Rom

Didaktisch-methodische Vorbemerkungen

»Viele Wege führen nach Rom«: Einige sind leicht und führen geradewegs zum Ziel, andere sind eng und beschwerlich, wieder andere entpuppen sich als Sackgassen.

Ob ein Weg leicht oder beschwerlich ist, hängt auch immer von dem ab, der unterwegs ist. Der eine bringt gute Kondition und großes Know-how mit und kann es kaum erwarten, den Gipfel zu erklimmen. Der andere ist auf Wegweiser, Hilfestellungen sowie ermutigende Begleiter angewiesen.

Auch im Lateinunterricht begegnen uns unsere Schülerinnen und Schüler mit unterschiedlichen Voraussetzungen und Erwartungen, denen wir mit einem differenzierten Angebot so weit wie möglich gerecht zu werden suchen, ohne das soziale Miteinander aus den Augen zu verlieren – ein Spagat, der nicht immer leicht zu meistern ist.

Zugleich ist unser Lektüreprojekt dem neuen Bildungsplan und damit dem erweiterten Lernbegriff[1] verpflichtet, demzufolge unsere Schülerinnen und Schüler die Möglichkeit erhalten sollen, neben den kognitiven Fähigkeiten weitere Kompetenzen zu erwerben bzw. zu zeigen.

Grundlage des ganzheitlichen und prozessorientierten Lern- und Leistungsbegriffs bilden die sogenannten Bildungs- bzw. Kompetenzstandards, die sich in vier Kompetenzbereiche[2] einteilen lassen:

- **Kognitiver Bereich**: Kenntnis und Verständnis der Grundlagen des lateinischen Wortschatzes, der Formenlehre sowie der Syntax, insbesondere der typisch lateinischen Konstruktionen (Sprachkompetenz); Fähigkeit, einen unbekannten lateinischen Text angemessen ins Deutsche zu übertragen und seinen Aufbau und Gehalt herauszuarbeiten (Textkompetenz); Kenntnis der Realienkunde, inbesondere Wissen um den historischen Hintergrund, in dem die lateinischen Texte entstanden sind (Kulturkompetenz).
- **Methodischer Bereich**: Kenntnis und Beherrschung verschiedener Lern- und Arbeitstechniken (z.B. Lernen neuer Vokabeln, Wiederholung bekannter Vokabeln), Strukturanalysefähigkeit (z.B. Fähigkeit, komplexe syntaktische Strukturen zu erkennen, zu verstehen und gegebenenfalls zu visualisieren), zielgerichteter Umgang mit Hilfsmitteln (z.B. Gebrauch von Formentabellen) usw.
- **Personaler Bereich**: Selbstständigkeit (z.B. bei der Bewältigung von Aufgaben), Anstrengungsbereitschaft, Kritikfähigkeit (z.B. Bereitschaft, Anregungen anzunehmen und umzusetzen) etc.
- **Sozialer Bereich**[3]: Fähigkeit zur Kommunikation (z.B. Fähigkeit, über Texte und Themen des Lateinunterrichts in fachlich und sprachlich angemessener Form Auskunft zu geben, einen eigenen Standpunkt zu formulieren und mit anderen zu vergleichen usw.), Fähigkeit zur Kooperation (z.B. Bereitschaft, sich im Rahmen der Partner- oder Gruppenarbeit konstruktiv einzubringen) etc.

---

1 Vgl. dazu Thorsten Bohl: Theoretische Strukturierung – Begründung neuer Beurteilungsformen, in: Hans-Ulrich Grunder / Thorsten Bohl: Neue Formen der Leistungsbeurteilung in den Sekundarstufen I und II, Baltmannsweiler 2001, 9-49.
2 Vgl. dazu im Einzelnen: Gerhard Ziener: Bildungsstandards in der Praxis. Kompetenzorientiert unterrichten, Seelze-Velber 2008 (2. Aufl.), 45-47. Es sei darauf hingewiesen, dass es zwischen den einzelnen Kategorien Überschneidungen gibt und manche Kompetenzen mit guten Gründen auch anderen Bereichen zugeordnet werden können.
3 Gerhard Ziener plädiert dafür, den sprachlich-kommunikativen Bereich eigens hervorzuheben. Vgl.: Gerhard Ziener: Bildungsstandards in der Praxis. Kompetenzorientiert unterrichten, Seelze-Velber 2008 (2. Aufl.), 47.

Dem Erwerb der kognitiven Kompetenzen tragen alle Materialien Rechnung. Ergänzend erhalten die Schüler bei dieser Unterrichtseinheit außerdem die Möglichkeit, ihre methodischen, personalen und sozialen Kompetenzen auf vielfältige Weise zu schulen, zu reflektieren und weiterzuentwickeln.

Gemäß den Bildungsstandards sollen im Unterricht verschiedene Kompetenz- bzw. Niveaustufen[4] berücksichtigt werden:

- **Mindeststandards** legen das einfache Anforderungsniveau (A) fest, das alle Schülerinnen und Schüler, also auch die leistungsschwächsten, erreichen sollten (Notenziffer: 4,0).
- **Regelstandards** formulieren das mittlere Anforderungsniveau (B), das alters- und schulartspezifisch für realistisch und zumutbar gehalten wird, doch in der Regel nicht von allen Kindern und Jugendlichen erreicht werden kann (Notenziffer: 2,5).
- **Expertenstandards** beschreiben das höchste Anforderungsniveau (C), also das Optimum, das ein Schüler erreichen kann (Notenziffer: 1,0).

Unsere Unterrichtseinheit beschreitet mit ihrem nach unterschiedlichen Niveaustufen differenzierten Aufgabenangebot neue Wege und bahnt damit den einzelnen Schülern einen individuellen Weg, sich Schritt für Schritt weiterzuentwickeln – getreu dem Motto »Suum cuique« oder – um mit Maria Montessori zu sprechen: »Jedem Kind seine Aufgabe«.

1. Voraussetzungen

Die Schülerinnen und Schüler sollten

- die Lehrbuchphase abgeschlossen haben und mit einfachen Interpretationstechniken vertraut sein (z.B. Erstellen einer Gliederung),
- nach Möglichkeit bereits erste Erfahrungen mit offenen Unterrichtsformen haben,
- die Bereitschaft mitbringen, voneinander und miteinander zu lernen und sich auf Regeln einzulassen.

Der unterrichtende Lehrer sollte bereit sein, Verantwortung an die Schüler abzugeben und verstärkt die Rolle des Beraters und Begleiters anzunehmen.

Darüber hinaus ist es günstig, wenn die Schulleitung und das Kollegium gegenüber dieser neuen Unterrichtsform aufgeschlossen sind und das Vorhaben mit Wohlwollen begleiten.

2. Textgrundlage

Den Dreh- und Angelpunkt unserer Unterrichtseinheit bilden folgende sechs Fabeln des Phaedrus:

- I,1: Lupus et agnus
- I,3: Graculus superbus et pavo
- I,5: Vacca et capella, ovis et bos
- I,21: Leo senex, aper, taurus et asinus
- III,8: Soror ad fratrem
- III,15: Canis ad agnum

---

[4] Vgl. im Folgenden auch: Gerhard Ziener: Bildungsstandards in der Praxis. Kompetenzorientiert unterrichten, Seelze-Velber 2008 (2. Aufl.), 47-53.

3. Erläuterungen zu den Materialien

Während für die Materialien zur Einstimmung und zum Ausklang konventionelle Unterrichtsformen vorgesehen sind, kommen die differenzierten Materialien für die Arbeitsbereiche Wortschatz, Formenlehre, Syntax, Übersetzung und Interpretation vor allem in offenen Unterrichtsformen zur Entfaltung.

Die genannten Arbeitsbereiche – insbesondere Übersetzung und Interpretation – stellen eine Einheit dar und gehen im konventionellen Unterricht ineinander über.

Für die binnendifferenzierte Unterrichtseinheit wurde das Material bewusst strukturiert, da nach unserer Erfahrung leistungsschwache Schüler in offenen Unterrichtsformen bei komplexen Aufgabenstellungen rasch überfordert sind und zunächst in kleinen Schritten bestimmte Bereiche isoliert üben wollen, bevor der Grad der Komplexität sukzessive gesteigert werden kann.

3.1 Materialien zur Einführung: E 1 - E 6

Die Materialien zur Einführung sind vor allem für Klassen gedacht, die zum ersten Mal mit Phaedrus in Kontakt kommen und mit den Formen des differenzierten Lernens vertraut gemacht werden müssen.

- Die Einführung **E 1** gewährt einen Überblick zu Phaedrus und seinem Werk.
- Material **E 2** führt die Schüler in die Theorie der Fabel ein, **E 3** bietet ihnen die Möglichkeit, das Gelernte auf eine konkrete Fabel anzuwenden.
- Die für die Interpretation relevanten Stilmittel werden in **E 4** anhand von Beispielen aus den der Unterrichtseinheit zugrunde liegenden Fabeln vorgestellt.
- **E 5** führt in die Zielsetzung und Handhabung der differenzierten Unterrichtseinheit ein.
- Die Inhaltsübersicht **E 6** verschafft den Schülern eine erste Orientierung über die thematischen Schwerpunkte der sechs Phaedrus-Fabeln und bildet zugleich eine wichtige Grundlage für ihre Textauswahl.
- In der Praxis hat es sich bewährt, den Schülern die entsprechenden Kopiervorlagen für das Wortschatztraining unmittelbar im Anschluss an die Fabelauswahl auszuteilen, sodass sie die Vokabelkärtchen selbst herstellen und jederzeit darauf zurückgreifen können. Darüber hinaus stärkt dieses Vorgehen die Eigenverantwortlichkeit der Schüler und entlastet die Lehrkraft.

3.2 Materialien zum Wortschatz- und Formentraining: W I,1 - W III,15 und F 1 - F 3

Die Materialien zum Wortschatz und zur Formenlehre eignen sich nach unserer Erfahrung sowohl zur Vorbereitung und Vorentlastung wie auch zur Unterstützung der Textarbeit. Daher hat es sich bewährt, den Schülern vor Beginn oder während der Textarbeit je nach individuellem Bedarf entsprechend Zeit für das Wortschatz- und Formentraining einzuräumen.

Die Schülerinnen und Schüler können dabei sowohl den Umfang der Vokabeln als auch der Formen wählen und das Anforderungsniveau sukzessive steigern.

- Das Material **W**[5] enthält den Wortschatz der sechs Phaedrus-Fabeln und kann auf vielfältige Weise zum Einsatz kommen (vgl. dazu die Hinweise in W Info).
- Die Materialien **F 1 - F 3** laden die Schüler zu spielerischen Möglichkeiten des Einübens und der Wiederholung der Verb- und Substantivformen in Kombination mit den Vokabeln der Phaedrus-Fabeln ein, sodass der Bezug zur Textarbeit stets gewährleistet ist. Da manche Formenmerkmale in den Phaedrus-Fabeln auffallend häufig anzutreffen sind, erhalten die Schüler entsprechende Vorgaben (vgl. dazu die Hinweise in WF Info).

---

5 Die Abbildungen sind entnommen aus: Theo Scherling / Hans-Friedrich Schuckall: Mit Bildern lernen, Berlin u.a. 1992 sowie Wulf Missfeldt: Phaedrus. »Stark-schwach« Fabeln. Text und Arbeitsheft, Ernst Klett Verlag, Stuttgart 1990.

- Für das Wortschatz-Formen-Training **F 1 und F 2** benötigen die Spielgruppen **Würfel**, die der Lehrer oder die Schüler in entsprechender Anzahl mitbringen sollten.
- **F 3** ist ein Puzzle-Domino zur KNG-Kongruenz, deren sichere Beherrschung eine wesentliche Voraussetzung für die Erschließung dichterischer Texte darstellt, die in der Regel zahlreiche Hyperbata enthalten.

3.3 Materialien zur Übersetzung: Ü I,1 - Ü III,15

Die Übersetzung lateinischer Texte ins Deutsche stellt an viele Schüler erfahrungsgemäß hohe, an einige auch zu hohe Anforderungen. Dieser Umstand führt nicht selten dazu, dass leistungsstarke Schüler sich beim Lernen im Gleichschritt über weite Phasen des Unterrichts langweilen und zurückziehen, da sie sich zunehmend unterfordert fühlen, während die schwächeren selbst bei gutem Willen nicht in der Lage sind, diese hohe Hürde ohne Hilfestellungen zu meistern. Diesem Umstand wollen die nach Anforderungsniveau differenzierten Aufgabenangebote Rechnung tragen, da sie alle Schüler gleichermaßen fördern und fordern.

Die Schüler wählen das Niveau selbst aus und schätzen sich nach unser aller Erfahrung in der Regel sehr realistisch ein. Andernfalls haben sie schon nach wenigen Minuten die Möglichkeit, das nächst höhere oder niedrigere Niveau zu wählen.

- Sehr leistungsschwache Schüler können auf einen stärker bearbeiteten Originaltext (z.B. Zusammenführung einiger Hyperbata) mit zahlreichen Vokabel- und Übersetzungshilfen (**Niveau A**) zurückgreifen.

- Mittelstarke Schüler können einen nur noch geringfügig bearbeiteten Originaltext mit Vokabelhilfen wählen (**Niveau B**). Je nach Kenntnisstand können sie auf die Vokabelhilfen verzichten, indem sie die rechte Spalte umknicken.

- Leistungsstarke Schüler übersetzen den lateinischen Originaltext, den sie mit wenigen Vokabelangaben und Hilfestellungen bewältigen können (**Niveau C**).

- Das **Additum** stellt je nach Zeitpunkt des Einsatzes höchste Anforderungen an die Schüler oder dient der vertiefenden Übung:
  Äußerst sprachbegabte Lateiner können direkt mit dem Additum beginnen, ohne dass sie vorab Niveau C bearbeitet haben, sodass sie außer der Übersetzung des lateinischen Textes ins Deutsche den fragmentarischen oder kryptischen lateinischen Text wiederherstellen müssen – eine äußerst anspruchsvolle Aufgabe, die hervorragende Kenntnisse und aktive Sprachbeherrschung voraussetzt.
  Doch auch die anderen Schüler können vom Additum profitieren, wenn sie es erst im Anschluss an ihre Übersetzung (auf Niveau A, B oder C) bearbeiten.

Da jeder Schüler und jede Schülerin im Rahmen der Übersetzungsphase nach Möglichkeit auch Erfahrungen mit dem lateinischen Originaltext gemacht haben sollte, sollen mindestens zwei von vier Übersetzungen auf Niveau C angefertigt werden.[6]

Zur Selbstkontrolle können die lateinisch-deutschen Texte des Interpretationsteils verwendet werden (vgl. I I,1 - I III,15).

Die altersgemäßen Illustrationen können vor der Übersetzung dazu dienen, eine Lesererwartung aufzubauen und Interesse zu wecken, oder nach der Übersetzung für einen Text-Bild-Vergleich herangezogen werden.

Selbstverständlich können die bildlichen Darstellungen der Fabeln auch im Rahmen des Wortschatztrainings eingesetzt werden, indem die Schüler z.B. den jeweiligen Bildern lateinische Ausdrücke zuordnen oder mit vorgegebenen lateinischen Vokabeln Sätze bilden.

---

[6] Je nach Lernvoraussetzungen und Leistungsstand einzelner Schülerinnen und Schüler kann man von dieser Vorgabe auch abweichen.

3.4 Materialien zur Interpretation: I I,1 - I III,15

Da die Schüler für die Interpretation der Phaedrus-Fabeln eine zweisprachige Textgrundlage erhalten, konnte auf das einfache Niveau verzichtet werden, sodass lediglich Aufgaben für das mittlere (gelbe Kopien) und das hohe Niveau (hellblaue Kopien) zur Verfügung stehen.

- Während die Schüler bei den Aufgaben des mittleren Niveaus verschiedene Vorgaben und Hilfestellungen erhalten, sollen sie die Aufgaben des hohen Niveaus weitestgehend selbstständig lösen, zumal ihnen noch das Material **E 2, E 3** und **E 4** (Aufbau einer Fabel, Stilmittel etc.) ergänzend zur Verfügung steht.

- Verschiedene Addita (grüne Kopien) mit kreativen Aufgabenstellungen runden das Angebot ab. Damit soll sowohl der Heterogenität der Lerngruppe nach Leistungsniveau wie auch der Heterogenität nach verschiedenen Lernwegen und Interessen Rechnung getragen werden.

3.5 Laufzettel: L WF, L Ü, L I

Die Laufzettel, die in jeder Stunde an der Tafel aufgehängt werden können, vermitteln allen Beteiligten einen Überblick über den jeweiligen Stand der begonnenen bzw. abgeschlossenen Aufgaben. Auf diese Weise erhält nicht nur der Lehrer Kenntnis über die Fortschritte der einzelnen Schüler. Vielmehr können auch die Schüler bei schwierigen Aufgaben durch einen Blick auf den Laufzettel in Erfahrung bringen, welche Mitschüler diese Aufgabe bereits erledigt haben, sodass sie diese um Rat fragen können. Zur schnelleren Orientierung sollte der Lehrer die Namen der Schüler in alphabetischer Reihenfolge eintragen.

3.6 Materialien zur Gruppenarbeit: GA 1 - 2

Nachdem die Schüler sich in der Übersetzungs- und Interpretationsphase mit verschiedenen Phaedrus-Fabeln intensiv in Einzel- oder Partnerarbeit auseinandergesetzt haben, können sie nun auf einer soliden Grundlage in der Phase der Kleingruppenarbeit verstärkt mit den Möglichkeiten des kooperativen Lernens vertraut gemacht werden und damit gezielt ihre methodischen, sozialen und personalen Kompetenzen weiterentwickeln.

- Anhand der bereits bearbeiteten Fabeln sowie der Inhaltsübersicht (**E 6**) sollen die Schüler zunächst eine oder mehrere Fabeln nennen, mit denen sie sich im Rahmen der Gruppenarbeit beschäftigen wollen. Das Material **GA 1** enthält Hinweise zum Auswahlverfahren und zur Kleingruppenarbeit.

- Die Lehrkraft sollte den Schülern nach Möglichkeit weitere Materialien aus der musikalischen, künstlerischen oder literarischen Rezeptionsgeschichte der Phaedrus-Fabeln zur Verfügung stellen.[7]

- Sollen die Gruppenarbeit und die anschließende Präsentation bewertet werden, so kann der Selbstbeurteilungsbogen (**GA 2**)[8] zum Einsatz kommen, den die Schüler im Sinne der Transparenz vorab erhalten sollten. Er kann je nach Klasse, Schwerpunkt und Zielsetzung der Unterrichtseinheit entsprechend modifiziert werden.

---

7 Die Vertonung der Phaedrus-Fabeln I,1 und I,3 von Jan Nóvak ist für musikalisch interessierte Schüler sicher ein besonderer »Leckerbissen«. Diese und weitere Fabeln des Phaedrus wurden zum Bundeskongress des DAV 1996 in Jena erstaufgeführt und sind auch auf einer CD erhältlich: OBLIG 0298.

8 Mit geringfügigen Modifizierungen entnommen aus Heiner Hoffmeister: Möglichkeiten der Binnendifferenzierung bei der Leistungsbeurteilung, in: Ingvelde Scholz (Hg.): Der Spagat zwischen Fördern und Fordern. Unterrichten in heterogenen Klassen, Göttingen 2008, 195.

3.7 Material zum Ausklang: A 1

Der Rückmeldebogen (**A 1**) soll den Schülern wie dem Lehrer die Möglichkeit geben, sich noch einmal der Stärken und Schwächen der Unterrichtseinheit bewusst zu werden. Er kann zum Anlass genommen werden, gemeinsam ins Gespräch über die zurückliegende Unterrichtseinheit zu kommen, und eventuell einen Ausblick auf die kommenden Stunden bieten.

3.8 Differenzierte Klassenarbeit: KA 1 - 3

Die differenzierte Klassenarbeit besteht aus einem Übersetzungs- und einem Interpretationsteil, die zu je 50% gewichtet werden, und ist für eine Doppelstunde von 90 Minuten konzipiert.

Bei dem **Übersetzungsteil** erhält jeder Schüler analog zum differenzierten Übersetzungstraining ein Aufgabenblatt mit zwei[9] verschiedenen Textauszügen, wobei jeder Text auf einem anderen Niveau präsentiert wird.

Mit der Entscheidung für einen Text bzw. eine Niveaustufe trifft der Schüler auch Vorgaben für das Notenspektrum:

- Wählt er den Text mit Niveau C (Originaltext), kann er bestenfalls die Note 1 erreichen.
- Hat er sich für das Niveau B entschieden, kann er bestenfalls die Note 2-3 erhalten.

Fehler-Noten-Skala des Übersetzungsteils

Fehler	0-0,5	1	2	2,5	3	3,5	4	4,5	5	5,5	6
Note (Niveau C)	1	1-2	2	2-3	3	3-4	4	4-5	5	5-6	6
Note (Niveau B)	2-3	3	3-4	4	4-5	5	5-6	6			

Die Anforderungen der **Interpretationsaufgabe** werden zunehmend schwieriger. Bei der letzten Aufgabe haben die Schüler die Wahl zwischen zwei unterschiedlichen Aufgabentypen. Damit soll den verschiedenen Interessen und Schwerpunkten der Schüler Rechnung getragen werden.

Punkte-/ Notenskala der Interpretationsklausur

Punkte	28-27	26	25	24	23	22	21	20	19	18
Note	1	1-	1-2	2+	2	2-	2-3	3+	3	3-

Punkte	17	16	15	14	13	12	11	10	9	8
Note	3-4	4+	4	4-	4-5	5+	5	5-	5-6	6+

Um größtmögliche Transparenz zu schaffen und Ängste abzubauen, empfiehlt es sich, die Schüler vorab eine Probeklausur in differenzierter Form schreiben zu lassen. Auf diese Weise können sie in einem geschützten Rahmen erste Erfahrungen mit der differenzierten Leistungserhebung und der entsprechenden Bewertung sammeln.

---

9 Eventuell wäre es auch denkbar, analog zum differenzierten Übersetzungstraining in der Klausur drei Anforderungsniveaus anzubieten. Bei Niveau A, das dem Mindeststandard entspricht, würde der Schüler zusätzlich zum bearbeiteten lateinischen Text und den Vokabelhilfen an schwierigen Stellen außerdem noch eine Übersetzung ins Deutsche vorfinden. In diesem Falle würde der Schüler bestenfalls die Note 4 erreichen können.

4. Praktische Tipps zur Herstellung der Materialien

Damit alle Schüler allein oder in kleinen Teams arbeiten können, sollten sämtliche Materialien mehrfach kopiert werden. Zur schnelleren Orientierung aller Beteiligten empfiehlt es sich, die Niveaustufen jeweils mit denselben Farben zu kennzeichnen[10]:

- Niveau A: einfaches Niveau (rote Kopien)
- Niveau B: mittleres Niveau (gelbe Kopien)
- Niveau C: hohes Niveau (hellblaue Kopien)
- Additum: (grüne Kopien)

Für alle anderen Materialien kann man weiße Kopien verwenden.
Bei den Kopiervorlagen für das Wortschatz- und Formentraining hat es sich in der Praxis bewährt, die Kopiervorlagen auf kräftiges Papier zu kopieren, um die Haltbarkeit zu erhöhen.
Die Wendekarten für das Vokabeltraining sowie die Karten für das Vokabel-Memory und das Formentraining können die Schüler mit Klebstoff und Schere selbst herstellen.

5. Einsatzmöglichkeiten einzelner Materialien im Rahmen des konventionellen Lateinunterrichts

Zunächst seien verschiedene Möglichkeiten skizziert, wie man einen Teil der Materialien an der einen oder anderen Stelle im konventionellen – eher lehrerzentrierten – Lateinunterricht einsetzen kann:

- Zum Einstieg in die Phaedrus-Lektüre, um die Schüler behutsam an den neuen Autor heranzuführen. Vor allem, wenn die Schüler erstmals mit Dichtung konfrontiert werden, hat sich das differenzierte Angebot im Rahmen der Übersetzung durch die behutsamen Änderungen des Originaltextes (z.B. Zusammenführung der Hyperbata) als hilfreich erwiesen.

- Als Ergänzung zur konventionellen Phaedrus-Lektüre im Unterricht, die es leistungsschwächeren wie leistungsstärkeren Schülern ermöglicht, dank der entsprechenden Hilfestellungen oder der zusätzlichen Herausforderungen – zum Beispiel im Rahmen der häuslichen Vorbereitung – selbstständig und in ihrem eigenen Lerntempo sowie auf ihrem Leistungsniveau zu arbeiten.

- Zum Abschluss der Phaedrus-Lektüre: Die Schülerinnen und Schüler können bereits im konventionellen Unterricht praktizierte Übersetzungs- und Interpretationsmethoden zur Übung noch einmal selbstständig anwenden (z.B. als Vorbereitung auf die Klassenarbeit) oder ihr Können in die Präsentation einer Phaedrus-Fabel münden lassen, die mit einer Leistungsbeurteilung abschließen kann.

Eine erfahrene Lehrkraft kann am ehesten ermessen, was für die jeweilige Lerngruppe am besten geeignet ist.

---

10 Auf diese Weise kann sich die Lehrkraft einen schnellen Überblick verschaffen, welche Schüler welches Niveau gewählt haben, und mit einzelnen Schülern das Gespräch suchen, bei denen Selbst- und Fremdwahrnehmung deutlich auseinanderklaffen.

6. Konzeption der gesamten Unterrichtseinheit

Die folgende Konzeption ist lediglich als Vorschlag gedacht und kann bei Bedarf modifiziert werden. Für die gesamte Unterrichtseinheit sind 16 bis 22 Unterrichtsstunden zu veranschlagen. Hinzu kommt die häusliche Arbeit der Schülerinnen und Schüler.

Zeitbedarf	Phasen	Materialien und Kompetenzziele
1-2 Std.	Einführung E 1 - E 6	Einblick in den Autor und sein Werk (**E 1**); Überblick über den Aufbau und die Gattungsmerkmale einer Fabel (**E 2**); Anwendung des Gelernten an einem konkreten Beispiel (**E 3**); Übersicht über die Stilmittel (**E 4**); Einführung in die differenzierte Unterrichtseinheit (**E 5**); Inhaltsübersicht (**E 6**)
2 Std.	Wortschatz u. Formenlehre W I,1 - III,15 F 1 - F 3 L WF	Erwerb bzw. Wiederholung des Lernwortschatzes (in Kombination mit Formentraining) (**W I,1 - W III,15 und F 1 - F 3**); Laufzettel (**L WF**)
3-4 Std.	Übersetzung Ü I,1 - III,15 L Ü	Übersetzung von insgesamt vier Phaedrus-Fabeln (**Ü I,1 - Ü III,15**); Laufzettel (**L Ü**)
3-4 Std.	Interpretation I I,1 - III,15; L I	Interpretation von vier Phaedrus-Fabeln (**I I,1 - I III,15**); Laufzettel (**L I**)
2-3 Std.	Gruppenarbeit GA 1 - 2	Fabelauswahl (**E 6**), Bildung von Kleingruppen durch den Lehrer; Interpretation einer ausgewählten Phaedrus-Fabel (**GA 1**); Erstellung einer Präsentationsmappe; Vorbereitung der Präsentation im Plenum; Selbstbeurteilung (**GA 2**)
2-3 Std.	Präsentation	Präsentation der Ergebnisse der Kleingruppenarbeit; Austausch und Diskussion im Plenum
1-2 Std.	Ausklang A 1	Gemeinsamer Rückblick anhand eines anonymen Rückmeldebogens (**A 1**); Auswertung und Ausblick
2 Std.	Klassenarbeit	Differenzierte Klassenarbeit mit Übersetzung und Interpretation (**KA 1 - 3**)

7. Ergebniskontrolle und Lösungshilfen

In allen Phasen der Unterrichtseinheit können die Schüler auf Lösungshinweise zurückgreifen oder eine andere Form der Rückmeldung in Anspruch nehmen:

- Unterrichtsgespräch in der Einführungs-, Präsentations- und Abschlussphase,
- direkte Rückmeldung beim Wortschatz- und Formentraining anhand der Vokabelkärtchen,
- Formentabellen[11], anhand derer die Schüler ihre Lösungen überprüfen können,
- Laufzettel, um bei Fragen und Problemen Unterstützung bei den Mitschülern einzuholen,
- Selbstbeurteilung der Schüler am Ende der Gruppenarbeit (GA 2)[12] und Beurteilung durch den Lehrer.
- Für die Kontrolle der Übersetzung können die lateinisch-deutschen Textgrundlagen der Interpretation als Musterübersetzung verwendet werden (vgl. I I,1 - I III,15).

Sollten die Fragen der Schüler trotz der genannten Hilfen nicht hinreichend geklärt sein, kann ein Gespräch mit der Lehrkraft Abhilfe schaffen.

---

[11] Am günstigsten ist es, wenn die Schüler die Formentabellen verwenden, mit denen sie bereits in ihrem Lehrbuch- bzw. Lektüreunterricht gearbeitet haben.

[12] In Anlehnung an den Selbstbeurteilungsbogen von Heiner Hoffmeister: Möglichkeiten der Binnendifferenzierung bei der Leistungsbeurteilung – Beispiele aus der Praxis, in: Ingvelde Scholz (Hg.): Der Spagat zwischen Fördern und Fordern, Göttingen 2008, 195.

8. Rückblick und Ausblick

Unsere ersten Erfahrungen mit der vorliegenden Unterrichtseinheit in verschiedenen Klassen sind insgesamt sehr positiv:

- Leistungsschwächere Schüler haben das Angebot, mit entsprechenden Hilfestellungen zum Ziel zu gelangen, dankbar aufgenommen. Nicht wenige sagten uns, dass sie während der differenzierten Unterrichtsphase die Erfahrung gemacht hätten, »seit längerer Zeit endlich 'mal wieder etwas alleine hinzubekommen«. Das habe ihnen das Gefühl gegeben, »doch etwas zu können«, und sie zu weiteren Schritten auf diesem Weg ermutigt.
- Leistungsstarke Schüler, die im konventionellen Lateinunterricht oft unterfordert sind und sich langweilen, konnten dank der Differenzierung endlich »richtig harte Nüsse knacken« und merkten, welche Fähigkeiten noch in ihnen steckten. Sie wurden herausgefordert und an ihre Grenzen geführt – eine Erfahrung, die sie im normalen Unterrichtsalltag nur selten machten.
- Unsere Lateinlerngruppen, die aufgrund der Zusammenstellung aus verschiedenen Klassen in der Regel besonders heterogen sind, haben von den vielfältigen Möglichkeiten, sich auszutauschen und miteinander und voneinander zu lernen, erheblich profitiert. Die Elemente des kooperativen Lernens haben spürbar dazu beigetragen, dass die Gemeinschaft gestärkt wurde und das »Nebeneinander« zunehmend einem »Miteinander« gewichen ist.
- Auch unsere Kolleginnen und Kollegen bestärkten uns immer wieder darin, dass es sich lohne, den konventionellen Unterricht durch differenzierte Unterrichtsphasen zu ergänzen.

Insofern ist diese Unterrichtseinheit sicher nur der erste Schritt, der uns alle ermuntern sollte, auf diesem neuen Weg weiterzugehen und alt bewährte Rezepte durch neue Zutaten zu ergänzen: *Variatio delectat!*

Leben und Werk des Fabeldichters Phaedrus E 1

Das obige Titelblatt gehört zu einer Sammlung von Phaedrusfabeln durch den Utrechter Philologen Peter Burmann (1698).

V. 1 *Aesopus fand als erster diesen Stoff;*
V. 2 *den habe ich nun ausgeformt im Versmaß des Senars.*
V. 3 *Doppelt ist das Geschenk dieses Buches: dass es Gelächter hervorruft*
V. 4 *und dem klugen Leser Lebenslehren gibt.*
V. 5 *Will mir aber jemand zum Vorwurf machen,*
V. 6 *dass Bäume sprechen und nicht nur Tiere,*
V. 7 *soll er still bedenken: ich scherze mit erfundenen Fabeln.*

Diese Verse schrieb der Dichter Phaedrus als Prolog (Vorwort) zu seinem ersten Fabelbuch.
Daraus können wir bereits Wesentliches über die Gattung, Absichten und Geschichte der Fabeldichtung erfahren. Es empfiehlt sich, schon diese sieben Verse sehr aufmerksam zu studieren, damit wir sie mit Leben und Sinn anfüllen können.

Leben und Werk des Fabeldichters Phaedrus E 1

Das Wenige, was wir über das Leben des Phaedrus wissen, entnehmen wir seinen eigenen Werken. Er wurde ca. 15 v. Chr. in Makedonien geboren. Nach Rom kam er als Sklave, wurde allerdings von Augustus freigelassen und starb etwa zwischen 55 und 65 n. Chr.

Phaedrus war nicht der Erste, der sich mit dem *Stoff* der Fabeldichtung (V. 1) beschäftigt hat. Sein Vorgänger war *Aesop* (V. 1), der legendäre Erfinder der Fabel. Dass Phaedrus sich sein Leben lang mit dem Vorwurf konfrontiert sah, die Fabeln von Aesop nur kopiert zu haben, wird aus der klaren Betonung der eigenen Leistung in V. 2 (*ich*) ersichtlich. Sicherlich hat er sich am Werk seines Vorgängers (das uns nicht mehr erhalten ist) orientiert. Allerdings hat er den Inhalt der Fabeln aktualisiert und neue Fabeln hinzugedichtet, sodass ein Werk von etwa 150 Fabeln entstand, von denen freilich nicht alle erhalten sind. Zudem verfeinerte Phaedrus den Stil der Fabeln, nicht zuletzt durch die metrische Umformung in den *jambischen Senar* (V. 2), das Versmaß der römischen Komödie. Er hatte schließlich den Anspruch, mit seinen Fabeln ein gebildetes Publikum zu belehren und zu unterhalten (vgl. die Betonung des *klugen* Lesers in V. 4). Von diesem erfuhr er allerdings nur wenig Wertschätzung, da die Fabeldichtung als »niedere Gattung« galt, die es mit der gehobenen Sprache und dem Stoff des Heldenepos nicht aufnehmen konnte. Zum anderen ist die ablehnende Haltung auch dadurch zustande gekommen, dass einige bedeutende Personen einzelne Geschichten auf sich bezogen und sich durch den Dichter angegriffen fühlten – obwohl der Dichter immer wieder betonte, es handle sich ausschließlich um *erfundene* Geschichten (V. 7).

Die Fabel war ihrer Absicht nach zunächst sozialkritisch. Phaedrus schreibt zu Beginn des dritten Buches zur Erfindung der Fabel: »Der Sklavenaufstand war unterdrückt und die Sklaven trauten sich nicht zu sagen, was sie wollten. Ihre eigenen Gefühle haben sie in Fabeln umgewandelt und verhöhnten so mit erfundenen Scherzgeschichten die schändliche Situation.« (V. 34-37)

Allerdings blieb es nicht bei diesem engen Themenfeld: Vielfältige Themen aus dem alltäglichen Leben wurden aufgegriffen, die sich aus dem Zusammenleben der Menschen ergaben – eben die vom Dichter selbst genannten *Lebenslehren* (V. 4). Diese wurden in kurzen Geschichten entwickelt, in denen Menschen, vor allem aber Tiere, selten auch leblose Gegenstände vorkamen. So sollte belehrt werden, aber auf heitere und belustigende Weise.

Phaedrus blieb aufgrund der mangelnden Würdigung seines Werkes arm, über die Enttäuschung tröstete er sich stets mit der Hoffnung auf den Nachruhm. Und tatsächlich, er hat die römische Literatur um eine Gattung bereichert und sich dadurch unsterblich gemacht.

Wahlpflichtaufgaben: Bearbeite nur eine der folgenden Aufgaben, 1 oder 2 oder 3.

1. Beantworte anhand der Abbildung und der Lektüre des Textes stichwortartig die folgenden Fragen zum Leben und zum Werk des Dichters Phaedrus:
   1. Wer war Phaedrus und wann lebte er?
   2. Wer ist sein Vorbild und was ist seine besondere Leistung?
   3. Warum wurde er zu Lebzeiten wegen seiner Arbeit kritisiert?
   4. Welches Ziel verfolgt Phaedrus mit seiner Fabeldichtung?
   5. Was sind spezielle Merkmale der Fabel?

2. Erstelle eine Mindmap zum Thema »die lateinische Fabel«, in der die wichtigsten Informationen aus dem Bild und dem Text enthalten sind.

3. Verfasse einen kurzen Lexikonartikel zum Thema »die lateinische Fabel«, indem du die wichtigsten Informationen aus dem Text auswählst. Dein Artikel sollte nicht mehr als 100 Worte umfassen.

Die Fabel   E 2

»Die Fabel ist eine erfundene Geschichte,
die die Wahrheit veranschaulicht.«

(Theon von Alexandria, Grammatiker im 1. Jahrhundert n.Chr.)

Fabeln sind kurze, lehrreiche Geschichten, in denen Tiere oder Menschen als Handlungsträger in eine Konfliktsituation geraten bzw. einen Konflikt austragen. Mit der »Moral von der Geschichte« wird der Leser entweder am Anfang (Promythium) oder am Ende der Fabel (Epimythium) konfrontiert.

Der Erzählteil der Fabel besteht in der Regel aus

- einer kurzen Beschreibung der Ausgangssituation,
- dem eigentlichen Konflikt (manchmal auch ein Dialog aus Rede und Gegenrede),
- der positiven oder negativen Folge der Handlung.

Allgemeines **Schema** einer Fabel:

Promythium belehrender Spruch; *fabula docet*

Einleitung Ausgangssituation

Konflikt Handlung (actio) und Gegenhandlung (reactio) bzw. Rede und Gegenrede

Ergebnis Auflösung der Situation im positiven oder negativen Sinne

Epimythium Moral der Erzählung; *fabula docet*

Beispiel: Frosch und Ochse (Phaedrus I,24)   E 3

1 Der Schwache geht, wenn er den Mächtigen nachahmen will, zugrunde.
2 Auf einer Wiese erblickte ein Frosch einst einen Ochsen.
3 Und weil er aufgrund solcher Größe neidisch wurde,
4 blies er seine runzelige Haut auf: Seine Kinder
5 fragte er dann, ob er nun breiter als der Ochse sei.
6 Jene verneinten es. Wiederum spannte er seine Haut
7 mit noch größerer Anstrengung und fragte in gleicher Weise,
8 wer größer sei. Jene sagten: der Ochse.
9 Als er zuletzt entrüstet sich noch stärker
10 aufblasen wollte, lag er mit geplatztem Körper tot da.

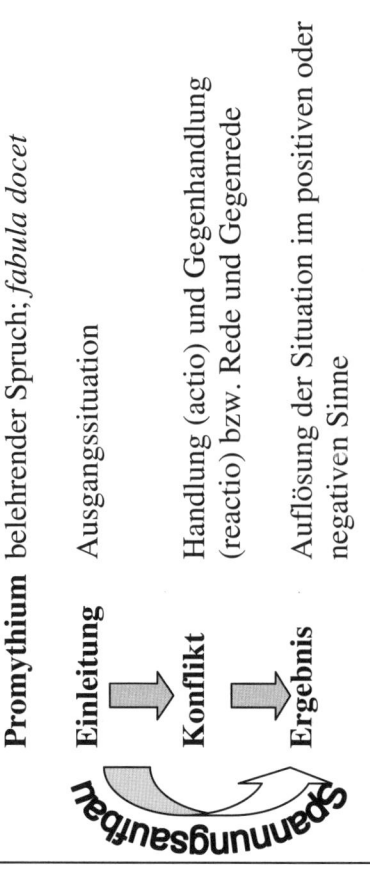

Arbeitsaufträge

1. Gliedere die folgende Fabel nach dem Schema, das du in **E 2** kennengelernt hast.

   A) _____ V. ___ - ___
   B) _____ V. ___ - ___
   C) _____ V. ___ - ___
   D) _____ V. ___ - ___

2. Untergliedere nun den Konflikt, indem du Aktion (rot) und Reaktion (grün) farblich kennzeichnest.

3. Unterstreiche in jedem Abschnitt des Erzählteils (Einleitung – Konflikt – Ergebnis) ein Wort, das den zeitlichen Ablauf bzw. die Weiterentwicklung der Handlung verdeutlicht.

Stilmittel in der Dichtung E 4

Ein Fabeldichter wollte sein Publikum, das in der Regel aus einer gebildeten Zuhörer- oder Leserschar bestand, durch Wortwahl oder Wortstellung unterhalten (delectare) und belehren (docere). Gleichzeitig erfüllten diese Stilmittel den Zweck, bestimmte Wörter zu betonen und/oder eine geschilderte Situation zusätzlich zu veranschaulichen.

Alliteration	Gleicher Konsonant bei aufeinander folgenden Wörtern

veritatis viribus (I,1, 9)

Anapher	Wiederholung des gleichen Wortes zu Beginn aufeinander folgender Sätze oder Sinneinheiten

nec...nec (I,3, 15f.)

Antithese	»Gegenüberstellung« zweier Gedanken oder Ausdruck eines Gegensatzes. In der Fabel werden die Hauptakteure häufig gegensätzlich charakterisiert.

filiam turpissimam ←→ *insignem pulchra facie filium* (III,8, 2/3)

Hyperbaton	= Sperrung; Trennung zweier sich aufeinander beziehender Wörter (oft Substantiv und dazugehöriges Adjektiv, Partizip oder Pronomen)

Haec propter <u>illos</u> scripta est <u>homines</u> **fabula** (I,1, 14)

Klimax	Steigerung im Aussageinhalt oder in der Länge der Worte bzw. Satzglieder

rugosam inflavit pellem...intendit cutem maiore nisu... dum vult validius inflare sese (I,24, 4 / 6f. / 9f.)

Onomatopoie	Klang- und Lautmalerei, z.B. durch die häufig aufeinander folgende Verwendung gleicher Vokale

Latro incitatus iurgii causam intulit (I,1, 4)

Parallelismus	Im Hinblick auf den Inhalt oder die Wortstellung gleichmäßiger Aufbau von aufeinander folgenden Wendungen nach dem Schema A B – A B

superior... lupus longeque inferior agnus (I,1, 2/3)

Personifikation	Verwendung abstrakter Begriffe anstelle konkret handelnder Personen

*Sic totam praedam sola **improbitas** abstulit* (I,5, 11)

Variation	Abwechslung in der Wortstellung oder bei der Wortwahl. Immer daran denken: *variatio delectat!*

Phaedrus-Fabeln: Infoblatt zur Unterrichtseinheit E 5

In den nächsten Wochen stehen die Phaedrus-Fabeln auf dem Programm, für die euch zahlreiche Materialien zu verschiedenen Trainingsbereichen zur Verfügung gestellt werden.
Da ihr unterschiedliche Voraussetzungen, Talente und Interessen habt, findet ihr vielfältige Materialien – gemäß dem Motto: Jedem seine Aufgabe, nicht allen die gleiche Aufgabe! Es ist sicher für jeden etwas Passendes dabei.
Wir arbeiten auf einer gemeinsamen Textgrundlage: Während der gesamten Unterrichtseinheit werden für euch alle die gleichen sechs Phaedrus-Fabeln zugrunde gelegt, aus denen ihr anhand der Inhaltsübersicht (E 6) vier Fabeln für die anstehenden Aufgaben auswählen sollt. Dabei hat jeder von euch die Möglichkeit, auf mehr oder weniger Hilfestellungen zurückzugreifen, je nachdem, wie fit er ist.

Folgende **Trainingseinheiten** stehen auf dem Programm:

- **Wortschatz (W)**: Hier habt ihr die Möglichkeit, euch einen soliden Wortschatz für die Übersetzung und Interpretation zu erwerben. Ihr könnt allein oder gemeinsam trainieren, habt aber auch Gelegenheit, in spielerischer Form gegeneinander anzutreten.

- **Formenlehre (F)**: Manche von euch haben über die Lehrbuchjahre einige Formen vergessen und wollen ihre Lücken schließen? Andere brauchen besondere Herausforderungen? Kein Problem! Es ist für jede(n) etwas dabei.

- **Übersetzung (Ü)**: Hier könnt ihr aus sechs Phaedrus-Fabeln vier auswählen (E 6), die ihr in Einzel- oder Partnerarbeit auf unterschiedlichen Niveaustufen übersetzen sollt.
Euer Wortschatz- und Formentraining solltet ihr dabei kontinuierlich fortsetzen.

- **Interpretation (I)**: Vier Phaedrus-Fabeln eurer Wahl (E 6) sollen in Einzel- oder Partnerarbeit (I I,1 - I III,15) interpretiert werden.

- **Gruppenarbeit (GA)**: Nachdem ihr so viel Know-how erworben habt, sollt ihr eine Lieblingsfabel eurer Wahl in einer Gruppenarbeit interpretieren, eure Ergebnisse in einer Präsentationsmappe festhalten und eure Präsentation vorbereiten.

- **Präsentation**: In dieser Phase stellen die Gruppen ihre interessantesten Ergebnisse auf pfiffige Art und Weise den Klassenkameraden vor.

- **Ausklang**: Am Schluss der Unterrichtseinheit wollen wir gemeinsam zurückblicken und unsere Eindrücke und Erfahrungen anhand eines anonymen Rückmeldebogens (A 1) und im Gespräch austauschen.

- Die **Laufzettel (L)** für das Wortschatz-, Übersetzungs- und Interpretationstraining (L WF, L Ü, L I) dienen zur Orientierung über den aktuellen Stand eurer Arbeit und erleichtern die Teambildung. Außerdem könnt ihr bei Rückfragen durch einen Blick auf den Laufzettel sehen, wer die Aufgabe sonst noch macht oder schon gemacht hat, sodass ihr ihn oder sie um Rat fragen könnt. Und wenn ihr dann immer noch Fragen habt, könnt ihr natürlich auch auf den Lehrer zugehen, der euch gerne ein paar Anregungen oder Hilfestellungen geben kann.

Inhaltsübersicht: Phaedrus-Fabeln E 6

Fabel I,1 – Der Wolf und das Lamm

Was passiert, wenn sich ein Wolf und ein Lamm in die Quere kommen? Und dabei auch noch Zeit bleibt, sich zu unterhalten? Eines ist mal sicher: das Lamm hat auf alle Fälle schlechte Karten, oder etwa nicht? Trotz der klaren Ausgangssituation nimmt diese Fabel einen interessanten Verlauf und wartet am Ende mit einer – unerwarteten (?) – Erkenntnis auf.

Fabel I,3 – Die Krähe unter Pfauen

Hochmut kommt vor dem Fall. Schuster, bleib bei deinen Leisten. Wer kennt sie nicht, die Sprichwörter, in denen es darum geht, sich entsprechend seinen Möglichkeiten zu verhalten? Haben diese Sprichwörter zu allen Zeiten ihre Gültigkeit?
Eine Krähe gesellt sich nicht ganz zufällig zu einer Schar Pfauen. Was aber hat sie nur angestellt, dass sie nicht nur von diesen, sondern auch von ihren eigenen Artgenossen hart angegangen wird? Darauf wird nur derjenige kommen, der die Fabel liest und immer daran denkt, »sich nicht mit fremden Federn zu schmücken«.

Fabel I,5 – Der Löwe und die Jagdgenossenschaft

Unter allen steht fest: Der Löwe ist der König der Tiere. Was aber hat es mit dem »Löwenanteil« zu tun, den man »sich sichert«. Ist das nun gut oder schlecht, wenn einem so etwas vorgeworfen wird? Macht man sich dadurch Freunde oder eher nicht? Nun, nachdem man diese Fabel gelesen hat, dürfte man sich wohl etwas schwerer tun, sich einem Stärkeren anzuschließen. Denn man will ja schließlich nicht »übers Ohr gehauen« werden.

Fabel I,21 – Der sterbende Löwe

Wie man sich seinen Lebensabend vorstellt? Ruhig und gemütlich, fernab von Stress und Aufgaben, womöglich noch im Kreis der (lieben) eigenen Familie. Wir werden wohl nie erfahren, ob sich der Löwe in dieser Fabel das auch so gewünscht hat. Sicherlich hat er sich aber etwas Besseres erhofft, als dass derart unverschämt mit ihm umgesprungen wird. Man lässt sich zwar schon einiges gefallen, aber doch nicht von jedem…

Fabel III,8 – Bruder und Schwester?

Bruder und Schwester, wie könnte es anders sein, fetzen sich so richtig. Und natürlich weiß jeder, wie er den anderen so richtig treffen kann: hässlich die eine, zu wenig ein Mann der andere – ja was denn nun? Klare Sache – die Eltern müssen im Geschwisterzwist mal wieder herhalten. Doch was soll man in dieser Situation raten? Fest steht, dass der Vater in unserer Geschichte sich bei seiner Antwort einiges gedacht hat – und für beide eine tiefgründige »Strafe« bereithält.

Fabel III,15 – Wer ist meine Mutter?

Ein Lämmlein irrt herum und sucht seine Mutter. Der Hund, gutmütig wie er ist, tut sein Bestes, ihm dabei behilflich zu sein. Aber das Lamm hat schon ganz genaue Vorstellungen davon, wie eine Mutter zu sein hat, damit sie diesen »Namen« auch verdient. Denn auch im Tierreich scheint zu gelten: »Mutter werden ist nicht schwer, Mutter sein zuweilen sehr.«

Infoblatt zum Wortschatztraining · W Info

Das Wortschatztraining kannst du auf vielfältige Weise absolvieren und mit dem Formentraining kombinieren (vgl. Infoblatt zum Wortschatz-Formen-Training). Es eignet sich zur Vorbereitung und Vorentlastung wie auch zur Unterstützung der Textarbeit und sollte regelmäßig im Unterricht und zu Hause praktiziert werden.

Die entsprechenden Vokabelkärtchen hast du dir auf der Grundlage der Kopiervorlagen (W I,1 – III,15) für deine Fabelauswahl (E 6) vermutlich längst hergestellt, oder?

Vokabeltraining in Einzelarbeit

»Ampelkasten« (von oben)   »Ampelkasten« (Seitenansicht)

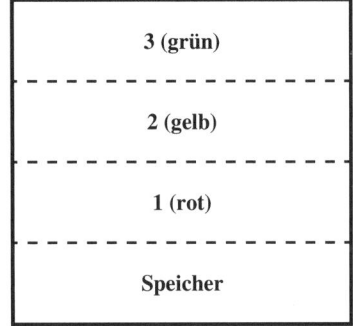 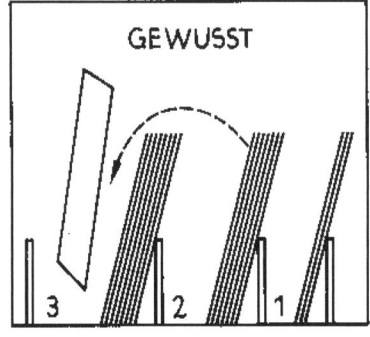 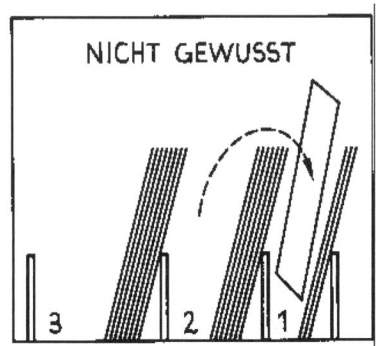

- Du nimmst dir zunächst deine Vokabelkärtchen und bastelst oder kaufst dir einen kleinen Karteikasten mit vier Fächern. Oder du nimmst einfach vier Briefumschläge, die du entsprechend beschriftest oder farblich markierst.

- Deinen gesamten Vokabelstapel stellst du so in den Speicher, dass du auf der Vorderseite jeweils die lateinische Vokabel und auf der Rückseite jeweils die entsprechenden Zusatzangaben und die deutsche Bedeutung ablesen kannst.

- Nun nimmst du zunächst eine kleinere Menge aus dem Speicher. Wenn du dich mit den Vokabeln schwer tust, starte mit 10-12 Kärtchen von einer Fabel deiner Wahl (E 6). Wenn du schon zu den Fortgeschrittenen gehörst, kannst du dir mehr Kärtchen (20-30) nehmen. Du liest jeweils die lateinische Vokabel und überlegst dir die Stammformen bzw. den Genitiv und das Genus sowie die deutschen Bedeutungen und sprichst diese leise vor dich hin. Auf der Kartenrückseite kannst du überprüfen, ob alles gestimmt hat. Ist das der Fall, kommt die entsprechende Karte in das gelbe Fach 2. Wenn du etwas nicht gewusst hast, stellst du die Karte in das rote Fach 1.

- Nach wenigen Stunden oder am nächsten Tag nimmst du aus dem Speicher wieder neue Vokabelkärtchen und gehst wie beim letzten Mal vor, bis der »Speicher« leer ist.

- Nun kannst du gezielt deine Lücken schließen, indem du dich alle Vokabeln aus dem roten Fach 1 abfragst. Wenn du die Vokabeln beherrschst, wandern die jeweiligen Karten in das gelbe Fach 2. Ist das nicht der Fall, muss das jeweilige Kärtchen im roten Fach 1 an vorderster Stelle verbleiben. Mit der Zeit dürfte das gelbe Fach ziemlich voll sein, sodass du hier nach dem bekannten Prinzip dein Vokabeltraining gestalten kannst. Vokabelkärtchen, bei denen du die gewünschten Angaben ohne Probleme nennen kannst, wandern in das grüne Fach 3. Andernfalls müssen sie noch mal zurück in das rote Fach 1…

Infoblatt zum Wortschatztraining (Fortsetzung)   W Info

Hinweise zu den Vokabelspielen

Mit Vokabelspielen könnt ihr zu zweit, aber auch mit mehreren Mitspielern eure Wortschatzkenntnisse auf den Prüfstand stellen. Ihr solltet zunächst einmal überlegen, welche und wie viele Vokabelkärtchen ihr eurem Vokabelspiel zugrunde legen möchtet:

- Wollt ihr sämtliche Vokabeln zu einer bestimmten Fabel wiederholen?
- Möchtet ihr einen Vokabelwettbewerb zu den Verben inkl. der Stammformen austragen?
- Oder wollt ihr vielleicht nur eure Kenntnisse der Substantive auffrischen?

Für die Wortschatzarbeit gibt es einen **Laufzettel (L WF)**, auf dem du vermerkst, woran du gerade arbeitest. Hier kannst du auch nachschauen, wer dieselben Fabeln (und damit dieselben Vokabeln) bearbeitet und sich deshalb als Mitspieler eignet.

Die folgenden Spielvorschläge sind als Anregungen gedacht. Vielleicht habt ihr noch weitere Spielideen?

Spielvorschlag 1: Jeder gegen jeden

Der Vokabelstapel liegt in der Mitte; die lateinische Seite liegt oben auf. Die Spieler nehmen reihum von dem Vokabelstapel je eine Karte ab und nennen jeweils die deutsche Bedeutung und die zusätzlichen Angaben. Jeder, der richtig geantwortet hat, kann die Karte bei sich ablegen. Bei einer falschen oder unvollständigen Antwort wird die Karte unter den Stapel in der Mitte gelegt. Das Spiel dauert so lange, bis keine Karten mehr übrig sind. Sieger ist, wer die meisten Karten hat.

Spielvorschlag 2: Zwei gegen zwei

Vier Spieler bilden zwei Teams, die sich einander überkreuz gegenübersitzen. Der Vokabelstapel liegt in der Mitte; die lateinische Seite liegt oben auf. Ein Spieler hebt eine Karte ab und fragt seinen Partner nach der deutschen Bedeutung und den zusätzlichen Angaben. Antwortet dieser richtig, hat das Team die Karte gewonnen. Bei einer falschen Antwort kann der im Uhrzeigersinn zunächst Sitzende (also der Spieler vom gegnerischen Paar) die Karte für sein Team gewinnen, wenn er richtig antwortet. Antwortet auch er falsch, wird die Karte unter den Stapel in der Mitte gelegt. In jedem Fall hebt anschließend der im Uhrzeigersinn nächste Spieler (des zweiten Paares) ab und fragt seinen Teampartner. Gewonnen hat das Team mit den meisten Karten.

Spielvorschlag 3: Vokabelmemory

Kopiert die entsprechenden Vokabeln und schneidet einzelne Vokabelkärtchen, bei denen jeweils nur auf einer Seite entweder eine lateinische Vokabel oder eine deutsche Angabe zu sehen ist. Die andere Seite ist demzufolge leer. Anschließend markiert ihr die Karten mit der deutschen Bedeutung auf der Rückseite mit einem bestimmten Symbol (z.B. roter Punkt) und die Karten mit der lateinischen Vokabel mit einem anderen Symbol (z.B. blaues Dreieck).
Nun könnt ihr loslegen: Vor Beginn des Spiels werden die Karten gut gemischt und verdeckt auf den Tisch gelegt. Der erste Spieler dreht eine Karte mit einem roten Punkt und eine Karte mit einem blauen Dreieck um. Passen diese Karten zueinander, darf er das Kartenpaar behalten und die nächsten zwei Karten umdrehen. Dies kann er so lange machen, bis er zwei Karten umdreht, die nicht zueinander passen. In diesem Fall ist der nächste Spieler an der Reihe (im Uhrzeigersinn). Das Spiel dauert so lange, bis alle Kartenpaare gefunden sind. Gewonnen hat der Spieler, der am Ende über die meisten Kartenpaare verfügt.

Kopiervorlage: Wortschatz zu den Phaedrus-Fabeln W I,1

Vorderseite	Rückseite	Vorderseite	Rückseite
ad I,1	I,1 + *Akk.*: zu, bei, an, für	**equidem** I,1	I,1 freilich; aber…doch
agnus I,1	I,1 agni *m. (o)*: Lamm	**fabula** I,1	I,1 fabulae *f. (a)*: Geschichte, Erzählung; Fabel
ait I,1	I,1 er, sie, es sagt(e)	**idem** I,1	I,1 eadem, idem *Gen.* eiusdem: derselbe, dieselbe, dasselbe
ante I,1	I,1 + *Akk.*: vor	**ille** I,1	I,1 illa, illud *Gen.* illius: jener, jene, jenes
bibere I,1	I,1 bibo, bibi *(k)*: trinken	**improbus** I,1	I,1 improba, um: böse, gierig
causa I,1	I,1 causae *f. (a)*: Grund, Anlass	**iniustus** I,1	I,1 iniusta, um: ungerecht
corripere I,1	I,1 corripio, -ripui, -reptum *(g)*: packen, ergreifen	**innocens** I,1	I,1 innocentis: unschuldig
decurrere I,1	I,1 decurro, -curri, -cursum *(k)*: herabfließen, herablaufen	**inquit** I,1	I,1 er, sie, es sagt(e)

Gestrichelte Linien = Schneidelinien
Gepunktete Linien = Knicklinien

Kopiervorlage: Wortschatz zu den Phaedrus-Fabeln W I,1

Vorderseite	Rückseite	Vorderseite	Rückseite
lupus (I,1)	lupi *m. (o)*: Wolf (I,1)	**repellere** (I,1)	repello, re**pp**uli, repulsum *(k)*: zurückstoßen, abwehren, zurückweisen (I,1)
maledicere (I,1)	maledico, -dixi, -dictum *(k)* + *Dat.*: jdn. beleidigen (I,1)	**respondere** (I,1)	respondeo, -spondi, -sponsum *(e)*: antworten (I,1)
mensis (I,1)	mensis *m. (g)*: Monat (I,1)	**sitis** (I,1)	sitis *f. (i)*: Durst (I,1)
nasci (I,1)	nascor, natus sum *(k)*: geboren werden (I,1)	**stare** (I,1)	sto, steti *(a)*: stehen (I,1)
nex (I,1)	necis *f. (k)*: Mord (I,1)	**tunc** (I,1)	da; damals, dann (I,1)
opprimere (I,1)	opprimo, -pressi, -pressum *(k)*: unterdrücken (I,1)	**venire** (I,1)	venio, veni, ventum *(i)*: kommen (I,1)
propter (I,1)	+ *Akk.*: wegen (I,1)	**veritas** (I,1)	veritatis *f. (k)*: Wahrheit (I,1)
queri (I,1)	queror, questus sum *(k)* + *Akk.*: sich über etw. beklagen (I,1)	**vis** (I,1)	vim, vi *(i)* *Pl.* vires, virium: Kraft, Gewalt (I,1)

Gestrichelte Linien = Schneidelinien
Gepunktete Linien = Knicklinien

Kopiervorlage: Wortschatz zu den Phaedrus-Fabeln W I,3

Vorderseite	Rückseite	Vorderseite	Rückseite
avis (I,3)	avis *f. (g)*: Vogel (I,3)	**exemplum** (I,3)	exempli *n. (o)*: Beispiel, Vorbild (I,3)
bona (I,3)	bonorum *n. Pl. (o)*: Hab und Gut; Güter (I,3)	**experiri** (I,3)	experior, expertus sum *(i)*: erfahren (I,3)
calamitas (I,3)	calamitatis *f. (k)*: Schaden, Unglück; unglückliche Erscheinung (I,3)	**fugare** (I,3)	fugo *(a)*: verjagen, in die Flucht schlagen (I,3)
contemnere (I,3)	contemno, -tempsi, -temptum *(k)*: verachten (I,3)	**genus** (I,3)	generis *n. (k)*: Art; Geschlecht (I,3)
contentus (I,3)	contenta, -um + *Abl.*: zufrieden mit etw. (I,3)	**gloriari** (I,3)	glorior, gloriatus sum *(a)* + *Abl.*: mit etw. prahlen (I,3)
contumelia (I,3)	contumeliae *f. (a)*: Schande; Beschimpfung, Beleidigung (I,3)	**graculus** (I,3)	graculi *m. (o)*: Krähe (I,3)
despicere (I,3)	despicio, -spexi, -spectum *(g)*: herabsehen, verachten (I,3)	**grex** (I,3)	gregis *m. (k)*: Herde (I,3)
eripere (I,3)	eripio, -ripui, -reptum *(g)*: ausreißen; entreißen (I,3)	**hic**, haec, hoc (I,3)	*Gen.* huius: dieser, diese, dieses (I,3)

Gestrichelte Linien = Schneidelinien
Gepunktete Linien = Knicklinien

Kopiervorlage: Wortschatz zu den Phaedrus-Fabeln   W I,3

Vorderseite	Rückseite	Vorderseite	Rückseite
I,3 **ille**	I,3 illa, illud, *Gen.* illius: jener, jene, jenes	I,3 **redire**	I,3 redeo, -ii, -itum *(ire)*: zurückkehren
I,3 **inanis**	I,3 inanis, e: leer, eitel	I,3 **repellere**	I,3 repello, re**pp**uli, repulsum *(k)*: zurückstoßen, abwehren, zurückweisen
I,3 **incipere**	I,3 incipio, coepi *(g)*: anfangen, beginnen	I,3 **sentire**	I,3 sentio, sensi, sensum *(i)*: fühlen, spüren
I,3 **pati**	I,3 patior, passus sum *(g)*: leiden; ertragen, erdulden	I,3 **superbia**	I,3 superbiae *f. (a)*: Stolz; Hochmut
I,3 **pavo**	I,3 pavonis *m. (k)*: Pfau	I,3 **tollere**	I,3 tollo, sustuli, sublatum *(k)*: aufheben, beseitigen; nehmen

Kopiervorlage: Wortschatz zu den Phaedrus-Fabeln   W I,5

Vorderseite	Rückseite	Vorderseite	Rückseite
I,5 **auferre**	I,5 aufero, abstuli, ablatum *(ferre)*: wegnehmen, wegtragen	I,5 **corpus**	I,5 corporis *n. (k)*: Körper
I,5 **capella**	I,5 capellae *f. (a)*: Ziege	I,5 **fortis**	I,5 fortis, e: stark, tapfer
I,5 **capere**	I,5 capio, cepi, captum *(g)*: fassen, fangen, erbeuten, einnehmen	I,5 **hic**, haec, hoc	I,5 *Gen.* huius: dieser, diese, dieses
I,5 **cervus**	I,5 cervi *m. (o)*: Hirsch	I,5 **improbitas**	I,5 improbitatis *f. (k)*: Unverschämtheit; unverschämte Erscheinung

Kopiervorlage: Wortschatz zu den Phaedrus-Fabeln W I,5

Vorderseite	Rückseite	Vorderseite	Rückseite
I,5 **iniuria**	I,5 iniuriae *f. (a)*: Unrecht, Ungerechtigkeit	I,5 **sequi**	I,5 sequor, secutus sum + *Akk.*: jdm. folgen
I,5 **leo**	I,5 leonis *m. (k)*: Löwe	I,5 **sic**	I,5 so; folgendermaßen
I,5 **loqui**	I,5 loquor, locutus sum *(k)*: sagen, sprechen	I,5 **societas**	I,5 societatis *f. (k)*: Bündnis; Gemeinschaft
I,5 **ovis**	I,5 ovis *f. (g)*: Schaf	I,5 **tangere**	I,5 tango, tetigi, tactum *(k)*: berühren
I,5 **pars**	I,5 partis *f. (g)*: Teil	I,5 **testari**	I,5 testor, testatus sum *(a)*: bezeugen
I,5 **patiens**	I,5 + *Gen.*: etw. geduldig ertragend	I,5 **tollere**	I,5 tollo, sustuli, sublatum *(k)*: aufheben, beseitigen; nehmen
I,5 **potens**	I,5 potentis: mächtig	I,5 **vacca**	I,5 vaccae *f. (a)*: Kuh
I,5 **praeda**	I,5 praedae *f. (a)*: Beute	I,5 **vastus**	I,5 vasta, um: riesig

Gestrichelte Linien = Schneidelinien
Gepunktete Linien = Knicklinien

Kopiervorlage: Wortschatz zu den Phaedrus-Fabeln   W I,21

Vorderseite	Rückseite	Vorderseite	Rückseite
aper (I,21)	apri *m. (o)*: Eber (I,21)	**ignavus** (I,21)	ignava, um: feige; niedrig (I,21)
asinus (I,21)	asini *m. (o)*: Esel (I,21)	**ille** (I,21)	illa, illud *Gen.* illius: jener, jene, jenes (I,21)
casus (I,21)	casus *m. (u)*: Unglück(sfall); Fall (I,21)	**iniuria** (I,21)	iniuriae *f. (a)*: Unrecht, Ungerechtigkeit (I,21)
cogere (I,21)	cogo, coegi, coactum *(k)*: zwingen (I,21)	**laedere** (I,21)	laedo, laesi, laesum *(k)*: verletzen, beleidigen (I,21)
corpus (I,21)	corporis *n. (k)*: Körper (I,21)	**leo** (I,21)	leonis *m. (k)*: Löwe (I,21)
dignitas (I,21)	dignitatis *f. (k)*: Würde (I,21)	**mori** (I,21)	morior, mortuus sum *(g)*: sterben (I,21)
fortis (I,21)	fortis, e: stark; tapfer (I,21)	**pristinus** (I,21)	pristina, um: früher (I,21)
iacere (I,21)	iaceo, iacui *(e)*: (da)liegen (I,21)	**quicumque** (I,21)	quaecumque, quodcumque: wer auch immer; jeder, der (I,21)

Gestrichelte Linien = Schneidelinien
Gepunktete Linien = Knicklinien

Kopiervorlage: Wortschatz zu den Phaedrus-Fabeln W I,21

Vorderseite	Rückseite	Vorderseite	Rückseite
I,21 **taurus**	I,21 tauri *m. (o)*: Stier	I,21 **videre**	I,21 video, vidi, visum *(e)*: sehen
I,21 **venire**	I,21 venio, veni, ventum *(i)*: kommen	I,21 **vindicare**	I,21 vindico *(a)*: rächen
I,21 **vetus**	I,21 veteris *(k)*: alt	I,21 **vis**	I,21 vim, vi *(i)* *Pl.* vires, virium: Kraft, Gewalt

Kopiervorlage: Wortschatz zu den Phaedrus-Fabeln W III,8

Vorderseite	Rückseite	Vorderseite	Rückseite
III,8 **praeceptum**	III,8 praecepti, *n. (o)*: Vorschrift, Lehre	III,8 **turpis**	III,8 turpis, e: hässlich
III,8 **monere**	III,8 moneo, monui, monitum *(e)*: ermahnen	III,8 **insignis**	III,8 insignis, e: ausgestattet mit etw.
III,8 **considerare**	III,8 considero *(a)*: prüfen	III,8 **speculum**	III,8 speculi *n. (o)*: Spiegel
III,8 **quidam** (subst.)	III,8 quaedam, quiddam: (irgend)einer; jemand, etwas	III,8 **cathedra**	III,8 cathedrae *f. (a)*: Lehnstuhl

Gestrichelte Linien = Schneidelinien
Gepunktete Linien = Knicklinien

Kopiervorlage: Wortschatz zu den Phaedrus-Fabeln W III,8

Vorderseite	Rückseite	Vorderseite	Rückseite
III,8 **ludere**	III,8 ludo, lusi, lusum *(k)*: spielen	III,8 **inspicere**	III,8 inspicio,-spexi,-spectum *(g)*: blicken in, schauen in
III,8 **formosus**	III,8 formosa,um: schön	III,8 **se iactare**	III,8 sich mit etwas brüsten, mit etwas prahlen
III,8 **irasci**	III,8 irascor, iratus sum *(a)*: zornig sein, zornig werden	III,8 **sustinere**	III,8 sustineo,-ui *(e)*: ertragen
III,8 **gloriari**	III,8 glorior, gloriatus sum *(a)*: sich rühmen	III,8 **accipere**	III,8 accipio,-cepi,-ceptum *(g)*: (an-)nehmen
III,8 **laedere**	III,8 laedo, laesi, laesum *(k)*: verletzen, beleidigen	III,8 **invidia**	III,8 invidiae *f. (a)*: Neid, Gehässigkeit
III,8 **criminari**	III,8 criminor, criminatus sum *(a)*: anklagen	III,8 **amplecti**	III,8 amplector, amplexus sum *(k)*: umarmen
III,8 **tangere**	III,8 tango, tetigi, tactum *(k)*: berühren	III,8 **carpere oscula**	III,8 oscula carpo, carpsi, carptum *(k)*: küssen
III,8 **caritas**	III,8 caritatis *f. (k)*: Liebe	III,8 **partiri**	III,8 partior, partitus sum *(i)*: verteilen

Gestrichelte Linien = Schneidelinien
Gepunktete Linien = Knicklinien

Kopiervorlage: Wortschatz zu den Phaedrus-Fabeln W III,8

Vorderseite	Rückseite	Vorderseite	Rückseite
III,8 **speculo uti**	III,8 speculo utor, usus sum *(k)*: in den Spiegel schauen	III,8 **nequitia**	III,8 nequitiae *f. (a)*: Leichtfertigkeit, Schlechtigkeit
III,8 **malum**	III,8 mali *n. (o)*: das Übel	III,8 **corrumpere**	III,8 corrumpo, -rupi, -ruptum *(k)*: verderben
III,8 **uterque**	III,8 utraque, utrumque; *Gen.* utriusque: jede(r) von beiden; beide	III,8 **vincere**	III,8 vinco, vici, victum *(k)*: überwinden, ausgleichen

Kopiervorlage: Wortschatz zu den Phaedrus-Fabeln W III,15

Vorderseite	Rückseite	Vorderseite	Rückseite
III,15 **agnus**	III,15 agni *m. (o)*: Lamm	III,15 **capella**	III,15 capellae *f. (a)*: Ziege
III,15 **beneficium**	III,15 beneficii *n. (o)*: Wohltat	III,15 **capere**	III,15 capio, cepi, captum *(g)*: fassen, fangen, erbeuten, einnehmen
III,15 **benevolentia**	III,15 benevolentiae *f. (a)*: Wohlwollen	III,15 **dein (deinde)**	III,15 darauf, dann
III,15 **canis**	III,15 canis *m. (k)*: Hund	III,15 **hic** *(Adv.)*	III,15 hier

Gestrichelte Linien = Schneidelinien
Gepunktete Linien = Knicklinien

Kopiervorlage: Wortschatz zu den Phaedrus-Fabeln

W III,15

Vorderseite	Rückseite	Vorderseite	Rückseite
III,15 **iacere**	III,15 iaceo, iacui *(e)*: (da)liegen	III,15 **ovis**	III,15 ovis *f. (g)*: Schaf
III,15 **ille**	III,15 illa, illud *Gen.* illius: jener, jene, jenes	III,15 **parĕre**	III,15 pario, peperi, partum *(g)*: gebären
III,15 **inquit**	III,15 er, sie, es sagt(e)	III,15 **portare**	III,15 porto *(a)*: tragen
III,15 **mensis**	III,15 mensis *m. (g)*: Monat	III,15 **potestas**	III,15 potestatis *f. (k)*: Macht, Einfluss; Recht
III,15 **meritum**	III,15 meriti *n. (o)*: Verdienst, Leistung; Wohltat	III,15 **potior**	III,15 potior, potius: wichtiger, lieber
III,15 **misereri**	III,15 misereor, miseritus sum + *Gen (e)*: sich erbarmen; Mitleid haben	III,15 **praestare**	III,15 praesto, praestiti *(a)*: zeigen
III,15 **nasci**	III,15 nascor, natus sum *(k)*: geboren werden	III,15 **proficere**	III,15 proficio, profeci, profectum *(g)*: nützen
III,15 **ostendere**	III,15 ostendo, ostendi, ostentum *(k)*: zeigen	III,15 **quaerere**	III,15 quaero, quaesivi, quaesitum *(k)*: suchen

Gestrichelte Linien = Schneidelinien

Infoblatt zum kombinierten Wortschatz-Formen-Training WF Info

Hinweise zum kombinierten Wortschatz-Formen-Training
(W in Kombination mit F 1 bzw. F 2)

Beim Wortschatz-Formen-Training könnt ihr z.B. Formen der Verben und Substantive wiederholen. Ihr solltet zunächst einmal überlegen, welche und wie viele Kärtchen ihr eurem Wortschatz-Formen-Training (vgl. Kopiervorlagen zum Wortschatz und zu den Formen) zugrunde legen möchtet:

- Möchtet ihr euer Training zunächst einmal nur mit Verben bestreiten? Dann könnt ihr die entsprechenden Vokabel- und Formenkärtchen heraussuchen.

  Bei den Formenkärtchen F 1 und F 2 müssen die Kärtchen mit folgenden Formenmerkmalen dabei sein: Indikativ Präsens Aktiv, Indikativ Perfekt Aktiv sowie Partizip Präsens Aktiv und Partizip Perfekt Passiv
- Möchtet ihr euch bei den Verbformen zunächst nur auf die Formen im Indikativ Präsens und Indikativ Perfekt beschränken?
- Oder wollt ihr nur eure Kenntnisse der Substantive auffrischen?
- Oder wollt ihr beides kombinieren?

Spielidee

Vorbereitung

Ihr habt einen Wortschatzstapel mit Wendekarten (lateinische Seite oben) und zwei Formenstapel F 1 und F 2 (Formenmerkmal auf der Rückseite).
Außerdem braucht ihr einen Würfel, dessen Zahlen für folgende Formen stehen:

Substantivformen		Verbformen	
1	Nominativ	1	1. Person Singular
2	Genitiv	2	2. Person Singular
3	Dativ	3	3. Person Singular
4	Akkusativ	4	1. Person Plural
5	Ablativ	5	2. Person Plural
6	Nochmal würfeln und entsprechende Pluralform bilden	6	3. Person Plural

Wählt einen Spielleiter, der eure Lösungen aufgrund seiner guten Grammatikkenntnisse oder anhand der Formentabellen überprüfen kann.

Schritt 1: Vokabeln

Spieler A nimmt eine Wendekarte vom Wortschatzstapel. Er muss zu der lateinischen Vokabel die entsprechende deutsche Bedeutung sowie die zusätzlichen Angaben (bei Verben Stammformen, bei Substantiven Genitiv und Genus usw.) nennen.
Kann Spieler A die deutsche Bedeutung oder die Zusatzangaben nicht nennen, kommt die Karte wieder unter den Stapel. Dann ist der nächste Spieler im Uhrzeigersinn an der Reihe.
Das geht so lange, bis ein Spieler die richtige Lösung weiß. Er erhält einen Punkt und macht weiter mit Schritt 2.

Schritt 2: Formen bilden

- War die Vokabel ein Substantiv, wird gewürfelt, welche Form gebildet werden soll.
- War die Vokabel ein Verb, muss eine Karte von Formenstapel F1 oder F2 gezogen werden. Bei einer Karte vom Stapel F 1 wird die zu bildende Form erwürfelt. Bei einer Karte von F 2 muss nicht gewürfelt werden.

Ist die Form richtig, erhält der Spieler einen Punkt. Andernfalls ist der nächste Spieler im Uhrzeigersinn an der Reihe. Das Spiel dauert so lange, bis alle Karten vom Wortschatzstapel aufgebraucht sind. Gewonnen hat der Spieler mit den meisten Punkten.

Kopiervorlage: Formen zu den Phaedrus-Fabeln　　　　　　　　　　　　　　　　　F 1

Indikativ Präsens Aktiv	Indikativ Imperfekt Aktiv	Indikativ Futur I Aktiv
Indikativ Präsens Passiv	Indikativ Imperfekt Passiv	Indikativ Futur I Passiv
Indikativ Perfekt Aktiv	Indikativ Plusquamperfekt Aktiv	Indikativ Futur II Aktiv
Indikativ Perfekt Passiv	Indikativ Plusquamperfekt Passiv	Indikativ Futur II Passiv
Konjunktiv Präsens Aktiv	Konjunktiv Imperfekt Aktiv	Konjunktiv Plusquamperfekt Aktiv
Konjunktiv Präsens Passiv	Konjunktiv Imperfekt Passiv	Konjunktiv Plusquamperfekt Passiv
Konjunktiv Perfekt Aktiv	Konjunktiv Perfekt Passiv	

Kopiervorlage: Formen zu den Phaedrus-Fabeln   **F 2**

Infinitiv Präsens Aktiv	Infinitiv Präsens Passiv	Infinitiv Perfekt Aktiv
Infinitiv Perfekt Passiv	Infinitiv Futur Aktiv	Infinitiv Futur Passiv
Partizip Präsens Aktiv	Partizip Perfekt Passiv	Partizip Futur Aktiv
Gerundium	Gerundivum	Imperativ I Singular
Imperativ I Plural		

Kopiervorlage: Domino-Puzzle zur KNG-Kongruenz   F 3

Zunächst werden entsprechende Puzzleteilchen hergestellt (gepunktete Linien = Schneidelinien). Danach werden die 24 Kärtchen gut durchmischt.

Aufgabe: Legt die Puzzleteilchen so aneinander, dass an jedes Substantiv in Pfeilrichtung ein Adjektiv oder Partizip mit passendem Kasus, Numerus und Genus grenzt. Achtet auch darauf, dass die so entstandenen Ausdrücke inhaltlich einen Sinn ergeben. Manchmal passen zwei Lösungen, ihr müsst dann einfach ausprobieren.

malo	aquarum ↑	liquidarum	gregis ↑	huius	neci ↑	iniustae	veritas →
← casui	improbus ↑	lupus ↓	factae (von facere)	exemplum →	horum	casuum ↓	una
hostile	matre ↑	illa	← parti	forte	causis ↑	bonis	menses →
← corpus	totam	partibus →	veterem	iniuriam ↓	magnis	corporibus ↓	paucos
his	← praedam	factis (von facere)	corpore ↑	vasto (vastus = riesig)	vir ↑	hic	patris →
← versibus	alienis	bonis ↓	improbo	lupo ↓	illos	homines ↓	tui

Laufzettel »Wortschatz«: Wer macht was?   L WF

Der Laufzettel vermittelt mir und euch einen Überblick über den aktuellen Stand eurer begonnenen und abgeschlossenen Aufgaben.

Bei Arbeitsbeginn tragt ihr euch mit einem Schrägstrich ein (/).
Wenn ihr fertig seid, überkreuzt ihr diesen mit einem zweiten Schrägstrich (X).

Wenn ihr mit eurer Aufgabe einmal nicht weiterkommt, könnt ihr durch einen Blick auf den Laufzettel in Erfahrung bringen, wer diese Aufgabe schon erledigt hat, sodass ihr ihn um Rat fragen könnt.

Name	W I,1 + F 1/ F2	W I,3 + F 1/ F2	W I,5 + F 1/ F2	W I,21 + F 1/ F2	W III,8 + F 1/ F2	W III,15 + F 1/ F2	F 3
Max Mustermann			**X + F 1**		/		

Infoblatt zum Übersetzungstraining Ü Info

Hinweise

Ihr sollt in den nächsten drei bis vier Unterrichtsstunden mindestens vier **lateinische Fabeln** von Phaedrus schriftlich ins Deutsche übersetzen. Da ihr unterschiedliche Voraussetzungen mitbringt, könnt ihr die Fabeln **auf unterschiedlichen Niveaustufen** übersetzen.

Schreibe deine deutsche Übersetzung (= Ü) bitte auf ein Extra-Blatt (nicht auf die Kopie!). Damit du das passende Material findest, vorab ein paar Hinweise:

- **Niveau A**: Ist die Übersetzung für dich normalerweise ein Buch mit sieben Siegeln? Dann probiere es doch einfach mal mit den **roten Kopien**.
- **Niveau B**: Tust du dich noch etwas schwer, die Satzstrukturen zu durchschauen, oder hast ein paar Vokabellücken? Dann sind die **gelben Kopien** vermutlich genau richtig für dich. Wenn du lediglich Hilfen bei der Syntax brauchst, aber gute Vokabelkenntnisse hast oder gut mit dem Lexikon arbeitest, kannst du die rechte Spalte mit den Vokabelhilfen umknicken.
- **Niveau C**: Du bist schon sehr fit in der Übersetzung und brauchst keine Hilfestellungen. Du kannst dich an den **hellbauen Kopien** bedienen.
- **Additum**: Die **grünen Kopien** bieten dir Zusatzmaterial, um deine Übersetzungsfähigkeit auf spielerische und produktive Weise in Einzel-, Partner- oder Gruppenarbeit zu trainieren. Du kannst das Additum auf zweierlei Weise verwenden:
  1. Wenn du dich normalerweise bei der Übersetzung langweilst, weil du sprachlich einfach schon superfit bist, dann dürfte es auch für dich eine ziemlich harte Nuss zu knacken sein, direkt mit dem Additum zu beginnen (ohne vorher Niveau C bearbeitet zu haben!).
  2. Wenn du dich eher im Mittelfeld bewegst, ist es vermutlich besser, wenn du das Additum erst dann bearbeitest, nachdem du die Übersetzung bereits auf dem Niveau A, B oder C absolviert hast.

Was tun, wenn du merkst, dass du dich unter- oder überschätzt hast? Kein Problem! Steig einfach noch mal eine Stufe höher oder niedriger ein!

Für die Übersetzung gibt es einen **Laufzettel (L Ü)**, auf dem du vermerkst, woran du gerade arbeitest. Hier kannst du auch nachschauen, wer dieselbe Fabel bearbeitet und wen du bei Schwierigkeiten um Rat fragen kannst.

Aufgabe
Übersetze mindestens vier Fabeln ins Deutsche.

Hinweise:
1. Die Vokabeln, die in der rechten Spalte angegeben werden, sind im lateinischen Text jeweils durch Kursivdruck kenntlich gemacht.
2. Du kannst dir das Niveau selbst aussuchen.
3. Mindestens zwei Fabeln solltest du auf dem Niveau C bewältigen.

Übersetzung: Phaedrus I,1: Lupus et agnus Ü I,1 A (rot)

1 Lupus et *agnus* ad *rivum eundem* venerant: 　　　　　　　　　*zum selben ...*	**agnus**,i *m.*: Lamm; **rivus**, i *m.*: Bach; **idem**,eadem, idem: derselbe, dieselbe, dasselbe
siti compulsi, superior stabat lupus *vom..... getrieben, oberhalb stand ...*	**sitis**, is *f.*: Durst; **compellere**,o,puli,pulsum: (an-) treiben; **superior**: oberhalb
3 *longe*que *inferior* agnus [stabat]. Tunc *latro* 　　　　　　　　　　　　*Dann suchte ...*	**longe**: weit; **inferior**: unten, unterhalb **tunc**: dann; **latro**, latronis *m.*: Räuber;
fauce improba incitatus causam *iurgii intulit*: *von gierigem...　　getrieben ...*	**faux**, faucis *f.*: Heißhunger, Fressgier; **improbus**,a,um: böse, gierig; **incitare**: antreiben; **iurgium**,i *n.*: Streit; **inferre**,fero,tuli,latum: vorbringen; suchen
5 »Cur«, *inquit*, »aquam mihi *bibenti* »*Warum*«, ... »*hast du mir ... , während ich es trinke,*	**inquit**: er,sie,es sagt(e); **bibere**,o: trinken **turbulentus**,a,um: trübe
turbulentam fecisti?« *Laniger* contra timens *...　　　　　　　widersprach ängstlich*	**laniger**,gera,gerum: wolletragend; Wolltier
7 [dixit]: »*Qui* facere possum, *quaeso*, quod »*Wie kann ich ...　　　, worüber*	**qui**: wie; **quaeso**: bitte *(als Einschub)*;
quereris, lupe? *Liquor decurrit* a te ad meos *du dich ...　? Das Wasser fließt ...*	**queri**,queror,questus sum + *Akk.*: sich über etw. beklagen; **liquor**,oris *m.*: Flüssigkeit; Wasser; **decurrere**,o: herabfließen, herablaufen
9 *haustus*.« Ille *veritatis viribus repulsus* ait: 　　　　　　　　　　*abgewehrt*	**haustus**,us *m.*: Wasserstelle; **veritas**,atis *f.*: Wahrheit; **vires**,ium *f. Pl.*: Kraft; **repellere**,o,reppuli,repulsum: zurückstoßen, abwehren; **ait**: er,sie,es sagt(e);
»Ante sex *menses* mihi *maledixisti*.« »*Vor ...　　hast du mich ...*	**mensis**,is *m.*: Monat; **maledicere**,o,dixi + *Dat.*: jmd. beleidigen
11 Agnus respondit: »*Equidem natus* non *eram*.«	**equidem**: freilich, aber...doch; **nasci**,or,natus sum: geboren werden
»Pater *hercle* tuus« ille *inquit* »mihi maledixit.«	**hercle**: beim Herkules; **inquit**: er,sie,es sagt(e)
13 Atque ita *correptum* lacerat *iniusta nece*. *Und so zerfleischt er es, nachdem er es ...*	**corripere**,io,ripui,reptum: packen, ergreifen; **lacerare**: zerfleischen; **iniustus**,a,um: ungerecht, widerrechtlich; **nex**,necis *f.*: Mord;
Haec fabula scripta est *propter* illos homines, 　　　　　　*ist wegen jener ...　geschrieben,*	**propter** + *Akk.*: wegen
15 qui innocentes causis *fictis opprimunt*. *die Unschuldige aus erfundenen ...*	**fictus**,a,um: erfunden, falsch; **opprimere**,o: unterdrücken

Übersetzung: Phaedrus I,1: Lupus et agnus   Ü I,1 B
(gelb)

1 Ad *rivum eundem* lupus et *agnus* venerant:	**rivus**, i *m.*: Bach; **idem**,eadem, idem: derselbe, dieselbe, dasselbe; **agnus**,i *m.*: Lamm
siti compulsi, superior stabat lupus	**sitis**, is *f.*: Durst; **compellere**,o,puli,pulsum: (an-)treiben; **superior**: oben, oberhalb
3 *longeque inferior* agnus. *Tunc latro*	**longe**: weit; **inferior**: unten, unterhalb **tunc**: dann; **latro**, latronis *m.*: Räuber;
fauce improba incitatus causam *iurgii* intulit:	**faux**, faucis *f.*: Heißhunger, Fressgier; **improbus**,a,um: böse, gierig **incitare**: antreiben; **iurgium**,i *n.*: Streit
5 »Cur«, *inquit*, »aquam mihi *bibenti*	**inferre**,fero,tuli,latum: vorbringen; suchen **inquit**: er,sie,es sagt(e); **bibere**,o: trinken
turbulentam fecisti?« *Laniger* contra timens	**turbulentus**,a,um: trübe; **laniger**,gera,gerum: wolletragend; Wolltier
7 [dixit]: »*Qui* facere possum, *quaeso*, quod	**qui**: wie; **quaeso**: bitte *(als Einschub)*;
quereris, lupe? *Liquor decurrit* a te ad meos	**queri**,queror,questus sum + *Akk.*: sich über etw. beklagen; **liquor**,oris *m.*: Flüssigkeit; Wasser **decurrere**,o: herabfließen, herablaufen
9 *haustus*.« Ille *veritatis viribus repulsus* ait:	**haustus**,us *m.*: Wasserstelle; **veritas**,atis *f.*: Wahrheit; **vires**,ium *f. Pl.*: Kraft; **repellere**,o,reppuli,repulsum: zurückstoßen, abwehren; **ait**: er,sie,es sagt(e);
»Ante sex *menses* mihi *maledixisti*.«	**mensis**,is *m.*: Monat; **maledicere**,o,dixi + *Dat.*: jmd. beleidigen;
11 Agnus respondit: »*Equidem* natus non eram.«	**equidem**: freilich, aber…doch
»Pater *hercle* tuus« ille *inquit* »mihi maledixit.«	**hercle**: beim Herkules; **inquit**: er,sie,es sagt(e)
13 Atque ita *correptum lacerat iniusta nece*.	**corripere**,io,ripui,reptum: packen, ergreifen: **lacerare**: zerfleischen; **iniustus**,a,um: ungerecht, widerrechtlich; **nex**,necis *f.*: Mord
Haec fabula scripta est *propter* illos homines,	**propter** + *Akk.*: wegen
15 qui innocentes causis *fictis opprimunt*.	**fictus**,a,um: erfunden, falsch **opprimere**,o: unterdrücken

Übersetzung: Phaedrus I,1: Lupus et agnus   Ü I,1 C
(blau)

1 Ad *rivum* eundem lupus et agnus venerant:	**rivus**, i *m.*: Bach
siti compulsi, superior stabat lupus	
3 longeque inferior agnus. Tunc *fauce* improba	**faux**, faucis *f.*: Heißhunger, Fressgier
latro incitatus *iurgii* causam intulit:	**iurgium**, i *n.*: Streit
5 »Cur«, inquit, »turbulentam fecisti mihi	
aquam *bibenti*?« *Laniger* contra timens:	**bibere**, o: trinken; **laniger**, gera, gerum: wolletragend; Wolltier
7 »*Qui* possum, quaeso, facere, quod quereris, lupe?	**qui**: wie
A te *decurrit* ad meos *haustus liquor*.«	**decurrere**, o: herabfließen, herablaufen **haustus**, us *m.*: hier: Wasserstelle; **liquor**, oris *m.*: Flüssigkeit; Wasser
9 Repulsus ille veritatis viribus:	
»Ante hos sex menses *male*«, ait, »*dixisti* mihi.«	**maledicere**, o, dixi + *Dat.*: jmd. beleidigen
11 Respondit agnus: »*Equidem* natus non eram.«	**equidem**: freilich, aber…doch
»Pater *hercle* tuus« ille inquit »maledixit mihi.«	**hercle**: beim Herkules
13 Atque ita correptum *lacerat* iniusta *nece*.	**lacerare**: zerfleischen; **nex**, necis *f.*: Mord
Haec propter illos scripta est homines fabula,	
15 qui fictis causis innocentes opprimunt.	

Übersetzung: Phaedrus I, 1: Lupus et agnus

Ü I,1 Additum
(grün)

»Cur«, inquit, »turbulentam fecisti mihi

»Pater hercle tuus«, ille inquit, »maledixit mihi.«

Atque ita correptum lacerat iniusta nece.

latro incitatus iurgii causam intulit:

qui fictis causis innocentes opprimunt.

Ad rivum eundem lupus et agnus venerant

A te decurrit ad meos haustus liquor.«

aquam bibenti?« Laniger contra timens:

longeque inferior agnus. Tunc fauce improba

Repulsus ille veritatis viribus:

»Ante hos sex menses male«, ait, »dixisti mihi.«

siti compulsi; superior stabat lupus

Respondit agnus: »Equidem natus non eram.«

Haec propter illos scripta est homines fabula,

»Qui possum, quaeso, facere, quod quereris, lupe?

Du hast sicherlich schon bemerkt, dass die Verse ein wenig durcheinander geraten sind…

Aufgaben
1. Bringe die Verse wieder in die richtige Reihenfolge.
   Schneide dazu die einzelnen Verse aus und probiere verschiedene Möglichkeiten der Anordnung.
2. Erläutere, welche Kriterien für deine endgültige Textgestaltung maßgebend waren.
3. Falls du die Fabel noch nicht übersetzt haben solltest, kannst du dich jetzt an die Übersetzung wagen.

Übersetzung: Phaedrus I,3: Graculus superbus et pavo   Ü I,3 A
(rot)

1 Aesopus nobis hoc *exemplum* prodidit, *Aesop hat uns ... überliefert,*	**exemplum**,i *n.*: Beispiel, Vorbild
ne alienis *bonis gloriari libeat* *damit niemand Lust bekommt, mit...*	**bona**,orum *n. Pl.*: Hab und Gut; **gloriari**,or,atus sum + *Abl.*: mit etwas prahlen; **libet**: es gefällt; *hier:* man bekommt Lust;
3 suoque *habitu potius vitam degere* [libeat]. *sondern entsprechend seiner ...*	**habitus**,us *m.*: Aussehen; Stellung; **potius**: eher; vielmehr; **vitam degere**: das Leben verbringen;
Graculus inani superbia tumens *Eine Krähe, die sich ... aufblähte,*	**graculus**,i *m.*: Krähe; **inanis**,e: leer, eitel; **superbia**,ae *f.*: Stolz; **tumere**,eo: sich aufblähen
5 *pennas*, quae *pavoni deciderant, sustulit* *hob ... , die ... ,*	**penna**,ae *f.*: Feder; **pavo**,onis *m.*: Pfau; **decidere**,o: herabfallen; **tollere**,o,sustuli,sublatum: aufheben
seque *exornavit*. Deinde suos *contemnens* *und ... Dann verachtete sie ihre Artgenossen*	**exornare**: schmücken; **contemnere**,o: verachten
7 pavonum *formoso gregi se immiscuit*. *und mischte sich ...*	**formosus**,a,um: schön; **grex**,gregis *m.*: Schar; **se immiscere**,eo + *Dat.*: sich mischen unter
Illi *avi impudenti* pennas *eripiunt* *Jene reißen ...*	**avis**,is *f.*: Vogel; **impudens**,entis: unverschämt **eripere**,io: ausreißen
9 *fugantque rostris*. Graculus male *mulcatus* *und verjagen ihn mit ... . Die Krähe, übel ... ,*	**fugare**: verjagen; **rostrum**,i *n.*: Schnabel; **graculus**,i *m.*: Krähe; **mulcare**: misshandeln, übel zurichten, zerrupfen
ad *proprium genus maerens* redire coepit; *trat zu ... betrübt den Heimweg an;*	**proprius**,a,um: eigen; **genus**, generis *n.*: Art; **maerens**: betrübt;
11 a quo [genere] *repulsus tristem notam sustinuit*. *von dieser ...*	**repellere**,o,reppuli,repulsum: zurückweisen; **notam tristem sustinere**,eo,tinui.: heftig beschimpft werden
Tum *quidam* ex illis, quos prius *despexerat*: *Dann sagte eine von ... , die sie zuvor ...*	**quidam**: einer; ein gewisser; **despicere**,io,spexi, spectum: herabsehen; verachten
13 »Si nostris *sedibus contentus* fuisses *Wenn du mit ... gewesen wärst*	**sedes**,is *f.*: Platz; **contentus**,a,um + *Abl.*: zufrieden mit
et *pati* voluisses [id], quod natura dederat, *und das zu ertragen bereit gewesen wärst, was die ... ,*	**pati**,ior,passus sum: ertragen, erdulden
15 nec illam *contumeliam expertus* esses *hättest du nicht ...*	**contumelia**,ae *f.*: Schande; **experiri**,ior,pertus sum: erfahren
nec *tua calamitas* hanc *repulsam* sentiret.« *noch würdest du Unglückliche ...*	**tua calamitas**: du Unglückliche; **repulsa**,ae *f.*: Zurückweisung

Übersetzung: Phaedrus I,3: Graculus superbus et pavo   Ü I,3 B
(gelb)

1 Aesopus nobis hoc *exemplum prodidit*,	**exemplum**,i *n.*: Beispiel, Vorbild; **prodidit** = tradidit
ne alienis bonis gloriari *libeat*	**libet**: es gefällt; *hier*: man bekommt Lust
3 suoque *habitu potius vitam degere* [libeat].	**habitus**,us *m.*: Aussehen, Stellung; **potius**: eher; vielmehr; **vitam degere**: das Leben verbringen
Graculus inani superbia *tumens*	**graculus**,i *m.*: Krähe; **inanis**,e: leer, eitel; **tumere**,eo: sich aufblähen
5 *pennas*, quae *pavoni deciderant*, sustulit	**penna**,ae *f.*: Feder; **pavo**,onis *m.*: Pfau; **decidere**,o: herabfallen
seque *exornavit*. Deinde suos contemnens	**exornare**: schmücken
7 pavonum *formoso gregi se immiscuit*.	**formosus**,a,um: schön; **grex**, gregis *m.*: Schar; **se immiscere**,eo + *Dat.*: sich mischen unter
Illi *avi impudenti* pennas eripiunt	**avis**,is *f.*: Vogel; **impudens**,entis: unverschämt
9 *fugantque rostris. Graculus* male *mulcatus*	**fugare**: verjagen; **rostrum**,i *n.*: Schnabel; **graculus**,i *m.*: Krähe; **mulcare**: misshandeln, übel zurichten, zerrupfen
ad *proprium genus maerens* redire coepit;	**proprius**,a,um: eigen; **genus**, generis *n.*: Art; **maerens**: betrübt
11 a quo repulsus *tristem notam sustinuit*.	**notam tristem sustinere**,eo,tinui.: heftig beschimpft werden
Tum *quidam* ex illis, quos prius *despexerat*:	**quidam**: einer; ein gewisser; **despicere**,io,spexi, spectum: herabsehen; verachten
13 »Si nostris *sedibus* contentus fuisses	**sedes**,is *f.*: Platz
et *pati* voluisses, quod natura dederat,	**pati**,ior,passus sum: ertragen, erdulden
15 nec illam *contumeliam expertus esses*	**contumelia**,ae *f.*: Schande; **experiri**,ior,pertus sum: erfahren
nec *tua calamitas* hanc *repulsam* sentiret.«	**tua calamitas**: du Unglückliche; **repulsa**,ae *f.*: Zurückweisung

Übersetzung: Phaedrus I,3: Graculus superbus et pavo

Ü I,3 C
(blau)

1 Ne gloriari *libeat* alienis bonis	**libet**: es gefällt; *hier:* man bekommt Lust
suoque *potius habitu vitam degere*,	**potius**: eher; vielmehr; **habitus**,us *m.*: Aussehen, Stellung; **vitam degere**: das Leben verbringen
3 Aesopus nobis hoc *exemplum prodidit*.	**exemplum**,i *n.*: Beispiel, Vorbild; **prodidit** = tradidit
Tumens inani graculus superbia	**tumere**,eo: sich aufblähen; **inanis**,e: leer, eitel; **graculus**,i *m.*: Krähe;
5 *pennas pavoni*, quae deciderant, sustulit	**penna**,ae *f.*: Feder; **pavo**,onis *m.*: Pfau
seque exornavit. Deinde contemnens suos	
7 se immiscuit pavonum formoso *gregi*.	**grex**, gregis *m.*: Schar
Illi *impudenti pennas* eripiunt *avi*	**impudens**,entis: unverschämt; **avis**,is *f.*: Vogel
9 fugantque *rostris*. Male *mulcatus graculus*	**rostrum**,i *n.*: Schnabel; **mulcare**: misshandeln, übel zurichten, zerrupfen; **graculus**,i *m.*: Krähe
redire *maerens* coepit ad *proprium* genus;	**maerens**: betrübt; **proprius**,a,um: eigen
11 a quo repulsus *tristem sustinuit notam*.	**notam tristem sustinere**,eo,tinui.: heftig beschimpft werden
Tum quidam ex illis, quos prius despexerat:	
13 »Contentus nostris si fuisses *sedibus*	**sedes**,is *f.*: Platz
et, quod natura dederat, voluisses pati,	
15 nec illam expertus esses *contumeliam*	**contumelia**,ae *f.*: Schande
nec hanc *repulsam tua* sentiret *calamitas*.«	**repulsa**,ae *f.*: Zurückweisung; **tua calamitas**: du Unglückliche

Übersetzung: Phaedrus I,3: Graculus superbus et pavo   Ü I,3 Additum
(grün)

Ne gloriari libeat alienis bon...

suoque potius habitu vitam degere

...sopus nobis hoc exemplum prodidit.

Tumens inani graculus superbia

pennas pavoni, quae decidera..., sustulit

seque exornav.... Deinde contemnens suos

se immiscu... pavonum formoso gregi.

Illi impudenti penn... eripiunt avi

fugantque rostr.... Male mulcatus graculus

redire maerens coepit ad proprium genus;

a quo repulsus tristem sustin... ...otam.

T... quidam ex illis, qu... prius despexerat:

"Contentus nostris si fuisses sed...

et , quod natura dederat, voluisses pati,

nec illam expertus ess... contumeliam

nec hanc repuls... tua sentiret calamitas."

Du hast sicherlich schon bemerkt, dass nicht nur die Krähe, sondern auch die Phaedrus-Fabel einige Federn lassen musste…

Aufgaben
1. Verhelfe der »zerrupften« Fabel wieder zu einem vollständigen Feder- bzw. Textkleid.
2. Erläutere, welche Kriterien für deine endgültige Textgestaltung maßgebend waren.
3. Falls du die Fabel noch nicht übersetzt haben solltest, kannst du dich jetzt an die Übersetzung wagen.

Übersetzung: Phaedrus I,5: Vacca et capella, ovis et leo

Ü I,5 A (rot)

1 Numquam est *fidelis societas* cum *potente*: *Niemals gibt es ...*	**fidelis**,e: zuverlässig, treu, ehrlich; **societas**,atis *f.*: Gemeinschaft, Bündnis; **potens**,entis: der Mächtige
Testatur haec *fabella propositum* meum. *Folgende Fabel bezeugt ...*	**testari**,or,atus sum: bezeugen; **fabella** = fabula; **propositum**,i *n.*: Behauptung, These
3 *Vacca* et *capella* et *ovis patiens* iniuriae *und das Schaf, das geduldig ...* ,	**vacca**,ae *f.*: Kuh; **capella**,ae *f.*: (kleine) Ziege; **ovis**,is *f.*: Schaf; **patiens** + *Gen.*: etwas geduldig ertragend
socii *fuere* cum *leone* in *saltibus*. *waren als Jagdgenossen ...*	**fuere** = fuerunt; **leo**,onis *m.*: Löwe; **saltus**,us *m.*: Wald
5 Hi cum cepissent *cervum vasti* corporis, *Als diese einen ... von ... erbeutet hatten,*	**cervus**,i *m.*: Hirsch; **vastus**,a,um: riesig
sic leo locutus est *partibus* factis: *sprach ... , nachdem die Beute aufgeteilt war:*	**partes**, ium *f. Pl.*: Beute(-teile)
7 »Ego primam [partem] *tollo, quoniam* leo nominor; *»Ich nehme den ersten Teil, weil ich ...*	**tollere**,o: nehmen; erhalten, bekommen; **quoniam**: weil, da ja
secundam mihi tribuetis, quia sum fortis; *den ... werdet ihr ... , weil ich*	**secundam**: *erg.* partem
9 tum me *sequetur tertia*, quia plus valeo. *dann wird mir... , weil ich ... ,*	**sequi**,or + *Akk.*: jdm. als Besitz zufallen; **tertia**: *erg.* pars
Malo afficietur, si quis quartam *tetigerit*.« *Hart wird ... , wenn jemand ...*	**malo afficere**,io: hart bestrafen; **tangere**,o,tetigi, tactum: berühren, anrühren
11 Sic sola *improbitas* totam *praedam abstulit*. *So trug die unverschämte Erscheinung ...*	**improbitas**,atis *f.*: die Unverschämtheit, die unverschämte Person, die unverschämte Erscheinung; **praeda**,ae *f.*: Beute; **auferre**,o, abstuli,ablatum: wegnehmen, wegtragen

Übersetzung: Phaedrus I,5: Vacca et capella, ovis et leo   Ü I,5 B
(gelb)

1 Numquam est *fidelis* cum *potente societas*:	**fidelis**,e: zuverlässig, treu, ehrlich; **potens**,entis: der Mächtige; **societas**,atis *f.*: Gemeinschaft, Bündnis
Testatur haec fabella *propositum* meum.	**testari**,or,atus sum: bezeugen; **fabella** = fabula **propositum**,i *n.*: Behauptung, These
3 *Vacca* et *capella* et *ovis patiens* iniuriae	**vacca**,ae *f.*: Kuh; **capella**,ae *f.*: (kleine) Ziege; **ovis**,is *f.*: Schaf; **patiens** + *Gen.*: etwas geduldig ertragend
socii *fuere* cum *leone* in *saltibus*.	**fuere** = fuerunt; **leo**,onis *m.*: Löwe; **saltus**,us *m.*: Wald
5 Hi cum cepissent *cervum vasti* corporis,	**cervus**,i *m.*: Hirsch; **vastus**,a,um: riesig
sic est locutus *partibus* factis leo:	**partes**,ium *f. Pl.*: Beute(-teile)
7 »Ego *primam tollo*, *quoniam* nominor leo;	**primam**: *erg.* partem; **tollere**,o: nehmen; erhalten, bekommen; **quoniam**: weil, da ja
secundam, quia sum fortis, mihi tribuetis;	
9 tum, quia plus valeo, me *sequetur* tertia.	**sequi**,or + *Akk.*: jdm. als Besitz zufallen
Malo afficietur, si quis quartam *tetigerit*.«	**malo afficere**,io: hart bestrafen; **tangere**,o,tetigi, tactum: berühren, anrühren
11 Sic sola *improbitas* totam *praedam abstulit*.	**improbitas**,atis *f.*: die Unverschämtheit, die unverschämte Person, die unverschämte Erscheinung; **praeda**,ae *f.*: Beute; **auferre**,o,abstuli,ablatum: wegnehmen, wegtragen

Übersetzung: Phaedrus I,5: Vacca et capella, ovis et leo

Ü I,5 C (blau)

1 Numquam est fidelis cum potente societas:	
Testatur haec fabella *propositum* meum.	**propositum**,i *n.*: Behauptung, These
3 *Vacca* et *capella* et patiens *ovis* iniuriae	**vacca**,ae *f.*: Kuh; **capella**,ae *f.*: (kleine) Ziege; **ovis**,is *f.*: Schaf
socii fuere cum leone in *saltibus*.	**saltus**,us *m.*: Wald
5 Hi cum cepissent *cervum* vasti corporis,	**cervus**,i *m.*: Hirsch
sic est locutus *partibus* factis leo:	**partes**,ium *f. Pl.*: Beute(-teile)
7 »Ego primam tollo, nominor quoniam leo;	
secundam, quia sum fortis, tribuetis mihi;	
9 tum, quia plus valeo, me sequetur tertia.	
Malo afficietur, si quis quartam tetigerit.«	**malo afficere**,io: hart bestrafen
11 Sic totam praedam sola *improbitas* abstulit.	**improbitas**,atis *f.*: die Unverschämtheit, die unverschämte Person, die unverschämte Erscheinung

Übersetzung: Phaedrus I,5: Vacca et capella, ovis et leo Ü I,5 Additum
(grün)

fortis, mihi tribuetis; tum, quia plus valeo

cervum vasti corporis, sic est locutus partibus

potente societas: Testatur haec

, me sequetur tertia. Malo afficietur, si

totam praedam abstulit.

ovis iniuriae socii fuere cum

fabella propositum meum. Vacca et capella et patiens

factis leo: »Ego primam tollo

Numquam est fidelis cum

leone in saltibus. Hi cum cepissent

quis quartam tetigerit.« Sic sola improbitas

, quoniam nominor leo; secundam, quia sum

Du hast sicher längst bemerkt, dass die Textbausteine ziemlich durcheinander geraten sind…

Aufgaben
1. Bringe die Textbausteine wieder in die richtige Reihenfolge.
   Schneide dazu die einzelnen Textbausteine aus und probiere verschiedene Möglichkeiten der Anordnung.
2. Erläutere, welche Kriterien für deine endgültige Textgestaltung maßgebend waren.
3. Falls du die Fabel noch nicht übersetzt haben solltest, kannst du dich jetzt an die Übersetzung wagen.

Übersetzung: Phaedrus I,21: Leo senex, aper, taurus et asinus Ü I,21 A
(rot)

1 *Quicumque dignitatem pristinam* amisit, 　　Jeder, der ...　　　　　　　　　verloren hat,	**quicumque**: wer auch immer; jeder, der; **dignitas**,atis *f.*: Würde; **pristinus**,a,um: früher
ignavis etiam *iocus* est in *casu* gravi. 　ist den Feigen ...　　in seinem ...　Unglück .	**ignavus**,a,um: feige; niedrig; **iocus**,i *m.*: Spott; **casus**,us *m.*: Unglück(sfall); Fall
3 Cum leo *defectus* annis et *desertus* viribus 　　Als ein altersschwacher und kraftloser ...	**defectus**,a,um: schwach, geschwächt; **desertus**,a,um: verlassen
iaceret spiritum extremum trahens, 　　 , während er ...　　　　machte,	**iacere**,eo,iacui: daliegen; **spiritus**,us *m.*: Atem(zug)
5 *aper fulmineis* dentibus ad eum venit 　　kam ein ...　　　　　　zu ihm	**aper**, apri *m.*: Eber; **fulmineus**,a,um: blitzend
et *vindicavit ictu* veterem iniuriam. 　und ...　mit dem Stoß (seiner Zähne) ... 　　.	**vindicare**: rächen; **ictus**,us *m.*: Stoß
7 *Taurus* mox *infestis* cornibus *confodit* 　　Ein ...　durchbohrte ...	**taurus**,i *m.*: Stier; **infestus**,a,um: feindlich; **confodere**,io,fodi,fossum: durchbohren
hostile corpus. *Asinus*, ut vidit *ferum* 　　　　Als der ...　sah, dass das wilde Tier	**hostilis**,e: feindlich; des Feindes; **asinus**,i *m.*: Esel; **ferus**,i *m.*: wildes Tier
9 *impune laedi, calcibus frontem* extudit. 　　 ...　　　, zertrümmerte er ihm ...	**impune**: ungestraft; **laedere**,o,laesi: verletzen; **calx**, calcis *f.*: Huf; **frons**, frontis *f.*: Stirn; **extundere**,o,tudi: herausschlagen, zertrümmern;
At ille *expirans*: »*Indigne tuli* fortes 　　　　　»Ich habe ...　, dass die Tapferen	**exspirare** (animam): aushauchen, sterben; **indigne** **ferre**,o,tuli: unwillig ertragen
11 mihi *insultare*: quod te, naturae *dedecus*, 　　 ... :dadurch dass ich gezwungen werde, dich, du	**insultare** + *Dat.*: auf jdm. herumspringen, verhöhnen; **dedecus**,oris *n.*: Schande; Schandfleck
ferre *cogor*, *certe bis* videor *mori*.« 　 ... 　　, scheine ich gewiss zweimal...	**cogere**,o,coegi,coactum: zwingen; **certe**: gewiss; **bis**: zweimal, zweifach; **mori**,morior,mortuus sum: sterben

Übersetzung: Phaedrus I,21: Leo senex, aper, taurus et asinus Ü I,21 B
(gelb)

1 *Quicumque* amisit dignitatem *pristinam*,	**quicumque**: wer auch immer; jeder, der; **pristinus**,a, um: früher
ignavis etiam *iocus* est in *casu* gravi.	**ignavus**,a,um: feige; niedrig; **iocus**,i *m.*: Spott; **casus**,us *m.*: Unglück(sfall); Fall
3 Cum leo *defectus* annis et *desertus* viribus	**defectus**,a,um: schwach, geschwächt; **desertus**,a,um: verlassen
iaceret spiritum extremum trahens,	**iacere**,eo,iacui: daliegen; **spiritus**,us *m.*: Atem(zug)
5 *aper fulmineis* ad eum venit dentibus	**aper**, apri *m.*: Eber; **fulmineus**,a,um: blitzend
et *vindicavit ictu* veterem iniuriam.	**vindicare**: rächen; **ictus**,us *m.*: Stoß
7 *Infestis taurus* mox *confodit* cornibus	**infestus**,a,um: feindlich; **taurus**,i *m.*: Stier; **confodere**,io,fodi,fossum: durchbohren
hostile corpus. Asinus, ut vidit *ferum*	**hostilis**,e: feindlich; des Feindes; **asinus**,i *m.*: Esel; **ferus**,i *m.*: wildes Tier
9 impune laedi, *calcibus frontem extudit*.	**impune**: ungestraft; **laedere**,o,laesi: verletzen; **calx**, calcis *f.*: Huf; **frons**, frontis *f.*: Stirn; **extundere**,o,tudi: herausschlagen, zertrümmern;
At ille *expirans*: »Fortes *indigne tuli*	**exspirare** (animam): aushauchen, sterben; **indigne ferre**,o,tuli: unwillig ertragen;
11 mihi *insultare*: quod te, naturae *dedecus*,	**insultare** + *Dat.*: auf jdm. herumspringen, verhöhnen; **dedecus**,oris *n.*: Schande; Schandfleck
ferre *cogor*, certe *bis* videor *mori*.«	**cogere**,o,coegi,coactum: zwingen; **bis**: zweimal, zweifach; **mori**,morior,mortuus sum: sterben

Übersetzung: Phaedrus I,21: Leo senex, aper, taurus et asinus   Ü I,21 C
(blau)

1 Quicumque amisit dignitatem pristinam,	
ignavis etiam *iocus* est in casu gravi.	**ignavus**,a,um: feige; niedrig; **iocus**,i *m*.: Spott
3 *Defectus* annis et *desertus* viribus	**defectus**,a,um: schwach, geschwächt; **desertus**,a,um: verlassen
leo cum iaceret *spiritum* extremum trahens,	**spiritus**,us *m*.: Atem(zug)
5 *aper fulmineis* ad eum venit dentibus	**aper**, apri *m*.: Eber; **fulmineus**,a,um: blitzend
et *vindicavit* ictu veterem iniuriam.	**vindicare**: rächen
7 *Infestis taurus* mox *confodit* cornibus	**infestus**,a,um: feindlich; **taurus**,i *m*.: Stier; **confodere**,io,fodi,fossum: durchbohren
hostile corpus. *Asinus*, ut vidit *ferum*	**asinus**,i *m*.: Esel; **ferus**,i *m*.: wildes Tier
9 *impune* laedi, *calcibus* frontem *extudit*.	**impune**: ungestraft; **calx**, calcis *f*.: Huf; **extundere**,o, tudi: herausschlagen, zertrümmern
At ille expirans: »Fortes *indigne tuli*	**indigne ferre**,o,tuli: unwillig ertragen
11 mihi *insultare*: te, naturae *dedecus*,	**insultare** + *Dat*.: auf jdm. herumspringen, verhöhnen; **dedecus**,oris *n*.: Schande; Schandfleck
quod ferre cogor, certe *bis* videor mori.«	**bis**: zweimal, zweifach

Übersetzung: Phaedrus I,21: Leo senex, aper, taurus et asinus Ü I,21 Additum
(grün)

QUICUMQUEAMISITDIGNITATEMPRISTI
NAMIGNAVISETIAMIOCUSESTINCASUG
RAVIDEFECTUSANNISETDESERTUSVIRI
BUSLEOCUMIACERETSPIRITUMEXTREM
UMTRAHENSAPERFULMINEISADEUMVE
NITDENTIBUSETVINDICAVITICTUVETER
EMINIURIAMINFESTISTAURUSMOXCON
FODITCORNIBUSHOSTILECORPUSASINU
SUTVIDITFERUMIMPUNELAEDICALCIBU
SFRONTEMEXTUDITATILLEEXSPIRANSF
ORTESINDIGNETULIMIHIINSULTARETE
NATURAEDEDECUSQUODFERRECOGOR
CERTEBISVIDEORMORI

Hast du schon erkannt, dass sich hinter dieser Buchstabenkette ein Text verbirgt?

Aufgaben
1. Versuche die lateinischen Wörter zu erkennen, indem du die Wortgrenzen markierst.
2. Mache anschließend durch entsprechende Satzzeichen aus dem Buchstabensalat einen richtigen Text.
3. Erläutere, welche Kriterien für deine Textgestaltung maßgebend waren.
4. Falls du die Fabel noch nicht übersetzt haben solltest, kannst du dich jetzt an die Übersetzung wagen.

Übersetzung: Phaedrus III,8: Soror ad fratrem — Ü III,8 A (rot)

1 *Praecepto monitus* saepe te *considera*!	**praeceptum**,i *n.*: Lehre; **monere**,eo,monui, monitum: ermahnen; **considerare**: prüfen
Quidam habebat et filiam *turpissimam*	**quidam**,quaedam,quiddam (subst.): jemand; **turpis**,e: hässlich
3 et filium pulchra *facie insignem*. und einen Sohn, der ...	**facies**,ei *f.*: äußere Erscheinung, Gestalt; Gesicht; **insignis**,e + *Abl.*: ausgestattet mit etwas
Hi *speculum*, quod in *cathedra* matris Diese schauten zufällig in einen Spiegel, der am...	**speculum**,i *n.*: Spiegel; **cathedra**,ae *f.*: Lehnstuhl
5 *positum fuit, pueriliter ludentes forte inspexerunt.* ... angebracht war, als sie ...	**pueriliter**: in kindlicher Weise; **ludere**,o: spielen; **forte**: zufällig; **inspicere**,io,spexi,spectum in + *Akk.*: blicken, schauen in
Filius *se formosum* esse *iactat*. Filia *irascitur*	**formosus**,a,um: schön; **se iactare** + *AcI*: damit prahlen, dass; **irasci**,or: zornig werden, zornig sein;
7 nec iocos fratris *gloriantis* sustinet.	**gloriari**,or: sich rühmen; **sustinere**,eo: ertragen
Accipit – quid enim? – cuncta in contumeliam. Sie empfindet alles ... ... als Beleidigung.	**accipere**,io: (an-)nehmen, empfinden; **quid enim?**: Wie sollte es sonst sein? **contumelia**,ae *f.*: Beschimpfung, Beleidigung
9 Ergo ad patrem *decurrit invicem laesura* ..., um ihn [ihren Bruder] ihrerseits zu beleidigen,	**decurrere**,o = currere; **invicem**: ihrerseits; **laedere**,o,laesi,laesus: verletzen, beleidigen
magnaque *invidia criminatur* filium, und sie klagt den Sohn... an,	**invidia**,ae *f.*: Neid, Gehässigkeit; **criminari**,or: anklagen
11 quod vir natus rem feminarum *tetigerit*. dass er, der zum Mann geboren ist, Frauensachen ...	**tangere**,o,tetigi,tactum: anfassen, anrühren
Pater *utrumque amplexus et carpens oscula* Während der Vater beide in seinen Armen hält, sie küsst	**uterque**,utraque,utrumque: jede(r) von beiden; beide; **amplecti**,or,amplexus sum: umarmen; **carpere oscula**: küssen
13 dulcemque *caritatem* in *ambos partiens*: und ...	**caritas**,atis *f.*: Liebe; **ambo**,ae,o: beide; **partiri**,ior,partitus sum: verteilen
»Volo« inquit »vos cottidie *speculo uti*: »Ich möchte, dass ihr...	**speculo uti**: in den Spiegel schauen
15 tu ne formam *nequitiae malis corrumpas*, du, damit du nicht ...	**nequitia**,ae *f.*: Leichtfertigkeit, Schlechtigkeit; **malum**,i *n.*: das Übel; **corrumpere**,o: verderben
tu ut *faciem* istam *moribus bonis vincas*.« und du, damit du...	**facies**,ei *f.*: äußere Erscheinung, Gestalt, Gesicht; **mores boni**: gute Wesensart; **vincere**,o: überwinden, ausgleichen

Übersetzung: Phaedrus III,8: Soror ad fratrem   Ü III,8 B
(gelb)

1 *Praecepto monitus* saepe te *considera*!	**praeceptum**,i *n.*: Lehre; **monere**,eo,monui, monitum: ermahnen; **considerare**: prüfen
Quidam habebat filiam *turpissimam*	**quidam**,quaedam,quiddam (subst.): jemand; **turpis**,e: hässlich
3 *idemque insignem* pulchra *facie* filium.	**idem**,eadem,idem: derselbe; zugleich, gleichfalls; **insignis**,e + *Abl.*: ausgestattet mit etwas; **facies**,ei *f.*: äußere Erscheinung, Gestalt; Gesicht;
Hi *speculum*, quod in *cathedra* matris	**speculum**,i *n.*: Spiegel; **cathedra**,ae *f.*: Lehnstuhl
5 *positum fuit, pueriliter* ludentes *forte* inspexerunt.	**ponere**,o,posui,positum: *hier:* anbringen; **pueriliter**: in kindlicher Weise; **forte**: zufällig
Hic *se formosum* [*esse*] *iactat*. Illa *irascitur*	**formosus**,a,um: schön; **se iactare** + *AcI*: damit prahlen, dass; **irasci**,or: zornig werden, zornig sein
7 nec iocos fratris *gloriantis sustinet*	**gloriari**,or: sich rühmen; **sustinere**,eo: ertragen
a*ccipiens* – *quid enim?* – cuncta in *contumeliam*.	**accipere**,io: (an-)nehmen, empfinden; **quid enim?**: Wie sollte es sonst sein? **contumelia**,ae *f.*: Beschimpfung, Beleidigung
9 Ergo ad patrem *decurrit laesura invicem*	**decurrere**,o = currere; **laedere**,o,laesi,laesus: verletzen, beleidigen; **invicem**: ihrerseits
magnaque *invidia criminatur* filium,	**invidia**,ae *f.*: Neid, Gehässigkeit; **criminari**,or: anklagen
11 quod vir natus rem feminarum *tetigerit*.	**tangere**,o,tetigi,tactum: anfassen, anrühren
Pater *utrumque amplexus et carpens oscula*	**uterque**,utraque,utrumque: jede(r) von beiden, beide; **amplecti**,or,amplexus sum: umarmen; **carpere oscula**: küssen
13 dulcemque *caritatem* in *ambos partiens*:	**caritas**,atis *f.*: Liebe; **ambo**,ae,o: beide; **partiri**,ior,partitus sum: verteilen
»Volo« inquit »vos cottidie *speculo uti*,	**speculo uti**: in den Spiegel schauen
15 tu formam ne *nequitiae* malis *corrumpas*,	**nequitia**,ae *f.*: Leichtfertigkeit, Schlechtigkeit; **malum**,i *n.*: das Übel; **corrumpere**,o: verderben
tu *faciem* ut istam *moribus bonis vincas*.«	**facies**,ei *f.*: äußere Erscheinung, Gestalt, Gesicht; **mores boni**: gute Wesensart; **vincere**,o: überwinden, ausgleichen

Übersetzung: Phaedrus III,8: Soror ad fratrem

Ü III,8 C
(blau)

1 *Praecepto* monitus saepe te *considera*!	**praeceptum**,i *n.*: Lehre; **considerare**: prüfen
Habebat *quidam* filiam turpissimam	**quidam**,quaedam,quiddam (subst.): jemand
3 *idemque insignem* pulchra facie filium.	**idem**,eadem,idem: derselbe; zugleich, gleichfalls **insignis**,e + *Abl.*: ausgestattet mit etwas
Hi, *speculum* in *cathedra* matris *ut positum* fuit,	**speculum**,i *n.*: Spiegel; **cathedra**,ae *f.*: Lehnstuhl; **ut**: entspricht quod; **ponere**,o,posui,positum: *hier:* anbringen;
5 *pueriliter* ludentes *forte* inspexerunt.	**pueriliter**: in kindlicher Weise; **forte**: zufällig
Hic *se* formosum *iactat*. Illa irascitur	**se iactare**: sich damit brüsten, damit prahlen
7 nec gloriantis sustinet fratris iocos	
accipiens – *quid enim?* – cuncta in *contumeliam*.	**quid enim?**: Wie sollte es sonst sein? **contumelia**,ae *f.*: Beschimpfung, Beleidigung
9 Ergo ad patrem *decurrit* laesura *invicem*	**decurrere**,o = currere; **invicem**: ihrerseits
magnaque invidia *criminatur* filium,	**criminari**,or: anklagen
11 vir natus quod rem feminarum tetigerit.	
Amplexus ille *utrumque et carpens oscula*	**uterque**,utraque,utrumque: jede(r) von beiden; beide; **carpere oscula**: küssen
13 dulcemque in *ambos* caritatem *partiens*:	**ambo**,ae,o: beide; **partiri**,ior, partitus sum: verteilen
»Cottidie« inquit »*speculo* vos *uti* volo,	**speculo uti**: in den Spiegel schauen
15 tu formam ne corrumpas *nequitiae* malis,	**nequitia**,ae *f.*: Leichtfertigkeit, Schlechtigkeit
tu faciem ut istam moribus vincas bonis.«	

Übersetzung: Phaedrus III,8: Soror ad fratrem   Ü III,8 Additum
(grün)

Praecepto monitus saepe te   !
Habebat quidam filiam turpissimam
idemque insignem   facie filium.
Hi, speculum in cathedra matris ut positum fuit,
pueriliter ludentes forte inspexerunt.
Hic se formosum iactat. Illa irascitur
nec iocos fratris   sustinet
accipiens – quid enim? – cuncta in contumeliam.
Ergo ad   decurrit laesura invicem
magnaque invidia criminatur filium,
vir natus quod rem feminarum tetigerit.
Amplexus ille utrumque et carpens oscula
dulcemque in ambos caritatem partiens:
»Cottidie« inquit »   vos uti volo,
tu formam ne   nequitiae malis,
Tu faciem ut istam   vincas bonis.«

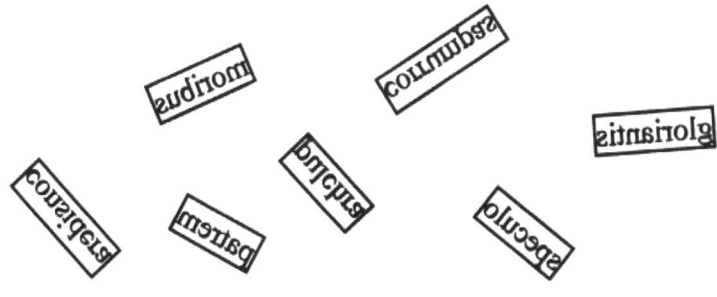

Du hast sicherlich schon bemerkt, dass im lateinischen Text einige Wörter verloren gegangen sind. Unter dem Lückentext findest du verschiedene Wörter, allerdings in Spiegelschrift!
Denn nicht nur in der Fabel, sondern auch bei der Gestaltung des lateinischen Textes ist es wichtig, einen Blick in den Spiegel zu werfen: »Speculo vos uti volo.«

Aufgaben
1. Verhelfe der Fabel wieder zu einem vollständigen Text. Dabei darfst du auch einen Blick in den Spiegel werfen.
2. Erläutere, welche Kriterien für deine endgültige Textgestaltung maßgebend waren.
3. Falls du die Fabel noch nicht übersetzt haben solltest, kannst du dich jetzt an die Übersetzung wagen.

Übersetzung: Phaedrus III,15: Canis ad agnum Ü III,15 A
(rot)

1 *Canis* inter *capellas agno balanti*: Ein … sagte zu … , das zwischen :	**canis**,is *m*.: Hund; **capella**,ae *f*.: (kleine) Ziege; **agnus**,i *m*.: Lamm; **balare**: blöken
»Stulte« *inquit* »erras; non est hic mater tua.« »Du Dummchen,…	**inquit**: er,sie,es sagt(e)
3 *Ovesque procul segregatas ostendit*. Und es zeigte auf die … , die	**ovis**,is *f*.: Schaf; **procul**: in der Ferne, weit; **segregare**: absondern; **ostendere**,o,tendi: zeigen
»Non illam [matrem] quaero, quae *concipit*, »Ich suche nicht jene (Mutter,) die … *cum libitum est*,	**concipere**,io,cepi: schwanger werden; **cum libitum est**: wenn es beliebt; je nach Belieben
5 dein portat *onus ignotum* certis *mensibus*, … eine bestimmte Zahl an Monaten …	**onus**,eris *n*.: Last; **ignotus**,a,um: unbekannt; **mensis**,is *m*.: Monat
novissime prolapsam sarcinam effundit; und zuletzt die entglittene Last …	**novissime**: zuletzt; **prolabi**,or,lapsus sum: entgleiten; **sarcina**,ae *f*.: Last; **effundere**,o, fudi: von sich geben
7 *verum* illam [matrem], quae me *nutrit admoto ubere* sondern jene (Mutter), die …	**verum**: sondern; **nutrire**,io,ivi: nähren; **admoto ubere**: indem sie mir das Euter reicht
fraudatque natos lacte, ne *desit* mihi.« und ihre eigenen Kinder um …	**fraudare** + *Abl*.: betrügen um; **lac**, lactis *n*.: Milch; **deesse**,sum,fui + *Dat*.: fehlen
9 »Tamen illa est *potior*, quae te *peperit*.« »*Non ita est*. *Unde illa scivit*, [utrum] *niger* an *albus nascerer*? Woher wusste jene, ob ich …	**potior**,ius: wichtiger, lieber; **parere**,io,peperi, partum: gebären; **non ita est**: nein **niger**,gra,grum: schwarz; **albus**,a,um: weiß; **nasci**,or,atus sum: geboren werden
11 *Age porro*: Si *parere* voluisset feminam, Wenn jene ein Weibchen hätte gebären wollen,	**age porro**: und weiter
quid *profecisset*, cum *crearer masculus*? was … , da ich als …	**proficere**,io,feci: nützen; **creare**: gebären; **masculus**,i *m*.: Männchen
13 *Beneficium* magnum *sane natali* dedit, Eine große … hat sie mir bei der Geburt … ,	**beneficium**,i *n*.: Wohltat; **sane**: wahrlich; **natalis**,is [erg. dies] *m*.: Geburt(stag)
ut exspectarem *lanium* in horas singulas! dass ich … zu jeder einzelnen Stunde …	**lanius**,i *m*.: Schlächter, Metzger;
15 Cur illa, cuius potestas nulla in *gignendo* fuit, Warum ist jene, die keinen Einfluss bei … hatte,	**gignere**,o: erzeugen, gebären
potior sit hac, quae *iacentis miserita* est … als die, die sich … , als ich … ,	**potior**,ius: wichtiger, lieber; **iacere**,eo: (da)liegen; **misereri**,eor,miseritus sum + Gen.: sich erbarmen, Mitleid haben
17 *dulcemque* benevolentiam *sponte praestat*? und die mir …	**dulcis**,e: süß; liebevoll, liebenswürdig; **sponte**: freiwillig; **praestare**,o: zeigen
Bonitas facit parentes, non *necessitas*.«	**bonitas**,atis *f*.: Güte; **necessitas**,atis *f*.: Blutsverwandtschaft
19 His versibus demonstrare voluit auctor … wollte der Autor zeigen, dass	**obsistere**,o + *Dat*.: sich gegen etw. stellen; **lex**, legis *f*.: (Natur-)Gesetz; **meritum**,i *n*.: Verdienst, Wohltat; **capi**: sich einnehmen lassen; angezogen werden
homines *obsistere legibus, meritis capi*. Menschen …	

Übersetzung: Phaedrus III,15: Canis ad agnum   Ü III,15 B
(gelb)

1	*Canis* inter *capellas agno balanti* [dicit]:	**canis**,is *m.*: Hund; **capella**,ae *f.*: (kleine) Ziege; **agnus**,i *m.*: Lamm; **balare**: blöken
	»*Stulte*« *inquit* »erras; non est hic mater tua.«	**inquit**: er,sie,es sagt(e)
3	*Ovesque procul segregatas ostendit.*	**ovis**,is *f.*: Schaf; **procul**: in der Ferne, weit; **segregare**: absondern; **ostendere**,o, tendi: zeigen
	»Non illam [matrem] quaero, quae *concipit, cum libitum est,*	**concipere**,io,cepi: schwanger werden; **cum libitum est**: wenn es jemandem beliebt; je nach Belieben
5	dein portat *onus ignotum* certis *mensibus,*	**onus**,eris *n.*: Last; **ignotus**,a,um: unbekannt; **mensis**,is *m.*: Monat
	novissime prolapsam sarcinam effundit;	**novissime**: zuletzt; **prolabi**,or,lapsus sum: entgleiten; **sarcina**,ae *f.*: Last; **effundere**,o,fudi: von sich geben
7	*verum* illam [matrem], quae me *nutrit admoto ubere*	**verum**: sondern; **nutrire**,io,ivi: nähren; **admoto ubere**: indem sie mir das Euter reicht
	fraudatque natos lacte, ne *desit* mihi.«	**fraudare** + *Abl.*: betrügen um; **natus**,i *m.*: Kind; **lac**, lactis *n.*: Milch; **deesse**,sum,fui + *Dat.*: fehlen
9	»Tamen illa est *potior*, quae te *peperit*.« »*Non ita est.*	**potior**,ius: wichtiger, lieber; **parere**,io,peperi, partum: gebären; **non ita est**: nein
	Unde illa scivit, [utrum] *niger* an *albus nascerer*?	**niger**,gra,grum: schwarz; **albus**,a,um: weiß; **nasci**,or,atus sum: geboren werden
11	*Age porro*: Si parere voluisset feminam,	**age porro**: und weiter
	quid *profecisset*, cum *crearer masculus*?	**proficere**,io,feci: nützen; **creare**: gebären; **masculus**,i *m.*: Männchen
13	*Beneficium* magnum *sane natali* dedit,	**beneficium**,i *n.*: Wohltat; **sane**: wahrlich; **natalis**,is [erg. dies] *m.*: Geburt(stag)
	ut exspectarem *lanium* in horas singulas!	**lanius**,i *m.*: Schlächter, Metzger
15	Cur illa, cuius potestas nulla in *gignendo* fuit,	**gignere**,o: erzeugen, gebären
	potior sit hac, quae *iacentis miserita est*	**potior**,ius: wichtiger, lieber; **iacere**,eo: (da)liegen; **misereri**,eor,miseritus sum + *Gen.*: sich erbarmen, Mitleid haben
17	*dulcemque* benevolentiam *sponte praestat*?	**dulcis**,e: süß; liebevoll, liebenswürdig; **sponte**: freiwillig; **praestare**,o: zeigen
	Bonitas facit parentes, non *necessitas*.«	**bonitas**,atis *f.*: Güte; **necessitas**,atis *f.*: Blutsverwandtschaft
19	His versibus demonstrare voluit auctor	**obsistere**,o + *Dat.*: sich gegen etw. stellen; **lex**, legis *f.*: (Natur-)Gesetz; **meritum**,i *n.*: Verdienst, Wohltat; **capi**: sich einnehmen lassen; angezogen werden
	obsistere homines *legibus, meritis capi*.	

Übersetzung: Phaedrus III,15: Canis ad agnum   Ü III,15 C
(blau)

1 Inter *capellas* agno *balanti* canis:	**capella**,ae *f.*: (kleine) Ziege; **balare**: blöken
»Stulte« inquit »erras; non est hic mater tua.«	
3 Ovesque *segregatas* ostendit *procul*.	**segregare**: absondern; **procul**: in der Ferne, weit
»Non illam quaero, quae, *cum libitum est, concipit*,	**cum libitum est**: wenn es jemandem beliebt; je nach Belieben; **concipere**,io,cepi: schwanger werden
5 dein portat onus ignotum certis mensibus,	
novissime prolapsam effundit sarcinam;	**novissime**: zuletzt; **prolabi**,or,lapsus sum: entgleiten; **effundere**,o,fudi: von sich geben; **sarcina**,ae *f.*: Last
7 *verum* illam, quae me *nutrit admoto ubere*	**verum**: sondern; **nutrire**,io,ivi: nähren; **admoto ubere**: indem sie mir das Euter reicht
fraudatque natos lacte, ne desit mihi.«	**fraudare** + Abl.: betrügen um
9 »Tamen illa est *potior*, quae te peperit.« »Non ita est.	**potior**,ius: wichtiger, lieber
Unde illa scivit, niger an *albus* nascerer?	**albus**,a,um: weiß
11 *Age porro*: Parere si voluisset feminam,	**age porro**: und weiter
quid *profecisset*, cum crearer *masculus*?	**proficere**,io,feci: nützen; **masculus**,i *m.*: Männchen
13 Beneficium magnum *sane natali* dedit,	**sane**: wahrlich; **natalis**,is [erg. dies] *m.*: Geburt(stag)
ut exspectarem *lanium* in horas singulas!	**lanius**,i *m.*: Schlächter, Metzger
15 Cuius potestas nulla in *gignendo* fuit,	**gignere**,o: erzeugen, gebären
cur hac sit potior, quae iacentis miserita est	
17 dulcemque sponte praestat benevolentiam?	
Facit parentes bonitas, non *necessitas*.«	**necessitas**,atis *f.*: Blutsverwandtschaft
19 His demonstrare voluit auctor versibus	
obsistere homines legibus, meritis capi.	

Übersetzung: Phaedrus III,15: Canis ad agnum   **Ü III,15 Additum**
(grün)

Inter capellas agno balanti canis:
»Stulte« **iquint** »**earrs**; non est hic mater tua.«
Ovesque segregatas **oendstit** procul.
»Non illam **qeuaro**, quae, cum libitum est, **cpiciont**,
dein **ptaort** onus ignotum certis mensibus,
novissime prolapsam **endfufit** sarcinam;
verum illam, quae **nitrut** admoto ubere
fraudatque natos lacte, ne **diset** mihi.«
»Tamen illa est potior, quae te **priepet**.« »Non ita est.
Unde illa **sivcit**, niger an albus **nerasecr**?
Age porro: parere si **vluosiset** feminam,
quid profecisset, cum crearer masculus?
Beneficium magnum sane natali **deidt**,
ut exspectarem lanium in horas singulas!
Cuius potestas nulla in gignendo **fiut**,
cur hac sit potior, quae iacentis miseritas est
dulcemque sponte **perastat** benevolentiam?
Fiact parentes bonitas, non necessitas.«
His demonstrare **vluoit** auctor versibus
obsistere homines legibus, meritis capi.

In der Fabel ist bei den fett gedruckten Prädikaten die Buchstabenfolge etwas durcheinander geraten…

Aufgaben

1. Versuche die richtige Buchstabenfolge aus dem Kontext zu erschließen.
2. Erläutere, welche Kriterien für deine Entscheidung maßgebend waren.
3. Falls du die Fabel noch nicht übersetzt haben solltest, kannst du dich jetzt an die Übersetzung wagen.

Laufzettel »Übersetzung«: Wer macht was? L Ü

Der Laufzettel vermittelt mir und euch einen Überblick über den aktuellen Stand eurer begonnenen und abgeschlossenen Aufgaben.

Bei Arbeitsbeginn tragt ihr euch mit einem Schrägstrich ein (/).
Wenn ihr fertig seid, überkreuzt ihr diesen mit einem zweiten Schrägstrich (X).
Vermerkt außerdem jeweils in Klammern, welche Farbe ihr bearbeitet habt.

Wenn ihr mit eurer Aufgabe einmal nicht weiterkommt, könnt ihr durch einen Blick auf den Laufzettel in Erfahrung bringen, wer diese Aufgabe schon erledigt hat, sodass ihr ihn um Rat fragen könnt.

Name	Ü I,1	Ü I,3	Ü I,5	Ü I,21	Ü III,8	Ü III,15
Max Mustermann		/ (gelb)		X (rot)		

Infoblatt zur Interpretation I Info

Hinweise

Du hast in den zurückliegenden Unterrichtsstunden einige Fabeln übersetzt und dabei sicherlich ganz verschiedene Eindrücke über den Inhalt, die Form und die Sprache der jeweiligen Geschichte bekommen. Nun sollst du dich mit vier Fabeln, die du selbst auswählen kannst, intensiver auseinandersetzen. Das bedeutet konkret, dass du

- den Aufbau der Fabeln und ihren Verlauf analysierst.
- genau darauf achtest, mit welchen Mitteln der Autor den Leser durch die Fabel führt.
- dich kritisch mit der Aussage einer Fabel befasst und sie mit anderen Fabeln oder Sprichwörtern vergleichst.
- dir selbst Gedanken zur Aktualität des Inhalts machst und eigenständig damit umgehst.

Du kannst selbst entscheiden, ob du alleine oder mit einem Partner zusammen arbeiten möchtest.

Wie bei der Übersetzung kannst du auch für die Interpretation unterschiedliche Niveaus auswählen – je nachdem, wie gut du dich für die eben aufgezählten Anforderungen gewappnet fühlst. Es bleibt dir überlassen, welches Niveau du wählst, allerdings solltest du zwei Fabeln auf dem Niveau C bearbeiten.

- **Niveau B**: Erleichtert es deine Arbeit, wenn dein Blick schnell auf Wesentliches gelenkt wird und du dich z.B. an konkreten Versangaben orientieren kannst? Fühlst du dich sicherer, wenn dir ein Raster zur Verfügung gestellt wird oder dir Begriffe vorgegeben werden? Dann verwende die **gelben Kopien** für die Interpretation. Hier werden wichtige Begriffe, z.B. bei der Textgliederung oder der stilistischen Analyse, vorgegeben.

- **Niveau C:** Auf Niveau C (**hellblaue Kopien**) analysierst du Texte mit nur wenig Hilfestellung. Stilmittel und der Aufbau einer Fabel sind dir bekannt und du findest einen leichten Zugang zum Inhalt. Durch zusätzliche Aufgaben kannst du dich intensiver mit dem Text beschäftigen, stellst Vergleiche mit Sprichwörtern oder anderen Geschichten an und verfasst z.B. eine kurze Erörterung zur Kernaussage einer Fabel.

- **Additum**: Die **grünen Kopien** bieten dir Zusatzmaterial für eine vertiefte Beschäftigung mit der Fabel und Anregungen für die Arbeit in der Gruppe. Das Additum ist dabei eine Ergänzung zu deiner bisherigen Interpretationsarbeit: Hier findest du Vergleiche mit anderen Geschichten, aktuelle Texte, die eine ähnliche Thematik aufweisen, Vorlagen zur Erstellung eines Comics, Materialien für eine Gerichtsverhandlung, die du mit Mitschülern nachspielen kannst, sowie noch vieles Anderes mehr.

Auch für die Interpretationsaufgaben gibt es einen **Laufzettel (L I)**, auf dem du vermerkst, woran du gerade arbeitest. Hier kannst du auch nachschauen, wer dieselbe Fabel bearbeitet und wen du bei Schwierigkeiten um Rat fragen kannst.

Aufgabe
Interpretiere vier Fabeln deiner Wahl.

Hinweise:
1. Du kannst dir das Niveau selbst aussuchen.
2. Mindestens zwei Fabeln solltest du auf dem Niveau C bewältigen.

Interpretation: Phaedrus I,1: Lupus et agnus   **I I,1 B (gelb)**

1	Ad rivum eundem lupus et agnus venerant	Zum selben Bach waren ein Wolf und ein Lamm gekommen, vom Durst getrieben; oberhalb stand der Wolf und weit unterhalb das Lamm. Da suchte der Räuber, von gieriger Fresssucht getrieben, einen Grund zum Streit.
2	siti compulsi; superior stabat lupus	
3	longeque inferior agnus. Tunc fauce improba	
4	latro incitatus iurgii causam intulit.	
5	»Cur« inquit »turbulentam fecisti mihi	»Warum«, sagte er, »hast du mir das Wasser trübe gemacht, während ich es trinke?« Der Wolleträger widersprach ängstlich: »Ich bitte dich, Wolf, wie kann ich das, worüber du dich beklagst, denn tun? Von dir läuft das klare Nass zu meiner Wasserstelle herab.«
6	aquam bibenti?« Laniger contra timens:	
7	»Qui possum, quaeso, facere, quod quereris, lupe?	
8	A te decurrit ad meos haustus liquor.«	
9	Repulsus ille veritatis viribus.	So abgewiesen von der Wucht der Wahrheit sagte jener erneut: »Vor genau sechs Monaten hast du mich beleidigt.« Das Lamm erwiderte: »Da war ich ja noch gar nicht geboren.« »Beim Herkules«, rief jener aus, »dann hat mich eben dein Vater beschimpft.« Und so zerfleischt er es, nachdem er es gepackt hatte, in widerrechtlichem Mord.
10	»Ante hos sex menses male« ait »dixisti mihi«.	
11	Respondit agnus: »Equidem natus non eram.«	
12	»Pater hercle tuus« ille inquit »male dixit mihi.«	
13	Atque ita correptum lacerat iniusta nece.	
14	Haec propter illos scripta est homines fabula,	Diese Fabel ist wegen jener Menschen geschrieben, die aus vorgetäuschten Gründen Unschuldige unterdrücken.
15	Qui fictis causis innocentes opprimunt.	

1. Präge dir den typischen Aufbau einer Fabel und dessen Begrifflichkeiten noch einmal genau ein (siehe **E 2**).

    a) Ordne den folgenden Begriffen die entsprechenden Verse des lateinischen Textes zu:

        Konflikt (von V. _____ bis V. _____) – Epimythium (V. _____) –

        Exposition (V. _____) – Ergebnis (V. _____)

    b) Markiere im lateinischen Text die Anteile des Wolfes und des Lammes am Dialog mit unterschiedlichen Farben.
Beschreibe, wie sich die Redeanteile der beiden Tiere hinsichtlich ihrer Länge verändern und wie dies auf den Leser wirkt (unter Berücksichtigung von Vers 14/15).

2. Arbeite aus dem Text die lateinischen Wendungen heraus, mit denen die beiden Handlungsträger Wolf und Lamm charakterisiert werden. Gibt es Wendungen, die sich gegenüberstellen lassen?

	lupus		agnus
V. 3		V. 6	
V. 4		V. 6	
V. 9			
V. 13		V. 13	

3. a) Was meint Phaedrus, wenn er in Vers 13 von *iniusta nece* spricht?

    b) Benenne aufgrund der Fabel die Probleme, die entstehen können, wenn ein Schwacher in einen Konflikt mit einem Starken gerät. Ergänze eigene Beispiele.

Interpretation: Phaedrus I,1: Lupus et agnus

I I,1 C
(blau)

1	Ad rivum eundem lupus et agnus venerant	Zum selben Bach waren ein Wolf und ein Lamm gekommen, vom Durst getrieben; oberhalb stand der Wolf und weit unterhalb das Lamm. Da suchte der Räuber, von gieriger Fresssucht getrieben, einen Grund zum Streit. »Warum«, sagte er, »hast du mir das Wasser trübe gemacht, während ich es trinke?« Der Wolleträger widersprach ängstlich: »Ich bitte dich, Wolf, wie kann ich das, worüber du dich beklagst, denn tun? Von dir läuft das klare Nass zu meiner Wasserstelle herab.«
2	siti compulsi; superior stabat lupus	
3	longeque inferior agnus. Tunc fauce improba	
4	latro incitatus iurgii causam intulit.	
5	»Cur« inquit »turbulentam fecisti mihi	
6	aquam bibenti?« Laniger contra timens:	
7	»Qui possum, quaeso, facere, quod quereris, lupe?	
8	A te decurrit ad meos haustus liquor.«	
9	Repulsus ille veritatis viribus.	So abgewiesen von der Wucht der Wahrheit sagte jener erneut: »Vor genau sechs Monaten hast du mich beleidigt.« Das Lamm erwiderte: »Da war ich ja noch gar nicht geboren.« »Beim Herkules«, rief jener aus, »dann hat mich eben dein Vater beschimpft.« Und so zerfleischt er es, nachdem er es gepackt hatte, in widerrechtlichem Mord.
10	»Ante hos sex menses male« ait »dixisti mihi«.	
11	Respondit agnus: »Equidem natus non eram.«	
12	»Pater hercle tuus« ille inquit »male dixit mihi.«	
13	Atque ita correptum lacerat iniusta nece.	
14	Haec propter illos scripta est homines fabula,	Diese Fabel ist wegen jener Menschen geschrieben, die aus vorgetäuschten Gründen Unschuldige unterdrücken.
15	Qui fictis causis innocentes opprimunt.	

1. a) Strukturiere den lateinischen Text mit Hilfe des Gliederungsschemas (**E 2**).
   b) Beschreibe den Verlauf des Hauptteils. Was fällt im Hinblick auf den Inhalt und Umfang der Redeteile mit zunehmendem Gesprächsverlauf auf?
   c) Welcher Schluss kann aus dieser Gesprächsentwicklung gezogen werden?

2. Arbeite aus dem Text die lateinischen Wendungen heraus, mit denen die beiden Handlungsträger Wolf und Lamm charakterisiert werden. Gibt es Wendungen, die sich gegenüberstellen lassen?

   lupus *agnus*
   V. .... V. .... *usw.*

3. a) Was meint Phaedrus, wenn er in Vers 13 von *iniusta nece* spricht?
   b) Begründe, warum der Autor gerade die beiden Tiere Wolf und Lamm ausgewählt hat. Welche Probleme ergeben sich für das »Lamm«, wenn Überlegenheit in derartiger Weise ausgenutzt wird? Ergänze deine Aufstellung durch weitere Beispiele.

4. Welche Veränderungen hat Gotthold Ephraim Lessing in seiner Fabel vorgenommen? Kann man die Aussagen der beiden Fabeln miteinander vergleichen?

> Der Durst trieb ein Schaf an den Fluss; eine gleiche Ursache führte auf der anderen Seite einen Wolf herzu. Durch die Trennung des Wassers gesichert und durch die Sicherheit höhnisch gemacht, rief das Schaf dem Räuber hinüber: »Ich mache dir doch das Wasser nicht trübe, Herr Wolf? Sieh mich recht an; ich habe dir nicht etwa vor sechs Wochen nachgeschimpft? Wenigstens wird es mein Vater gewesen sein.« Der Wolf verstand die Spötterei; er betrachtete die Breite des Flusses und knirschte mit den Zähnen. »Es ist dein Glück«, antwortete er, »dass wir Wölfe gewohnt sind, mit euch Schafen Geduld zu haben«; und ging mit stolzen Schritten weiter.

Interpretation: Phaedrus I,1 **I I,1 Additum (grün)**

Die Gerichtsverhandlung

Stellt euch vor, nach der von Phaedrus als *iniusta nece* bezeichneten Tat wird der Wolf von der Staatsanwaltschaft angeklagt und es kommt zum Prozess.

1) Erarbeitet euch gemeinsam die Informationen aus Additum 1 (Ablauf einer Gerichtsverhandlung).

2) Lest euch die Rollenkarten durch (Additum 2) und legt fest, wer welche Rolle in der Gerichtsverhandlung übernimmt. (Die Rolle Zeuge/Sachverständiger kann mehrmals vergeben werden.)

3) Sammelt alle notwendigen Informationen aus der Fabel von Phaedrus. Verwendet zusätzlich die Fassung der Fabel von Jean de La Fontaine (Additum 3).

4) Präsentiert die Gerichtsverhandlung vor der Klasse (ca. 15 Minuten). Haltet euch dabei an den vorgegebenen Ablauf.

Additum 1: Ablauf einer Gerichtsverhandlung

Das Gericht erscheint im Gerichtssaal, das Publikum erhebt sich von den Plätzen, um ihm Achtung zu erweisen.

Der vorsitzende Richter bittet Platz zu nehmen und eröffnet die Verhandlung. Er stellt die Anwesenheit von Angeklagten, Verteidigern, Sachverständigen und Zeugen fest. Die Zeugen verlassen den Saal, um durch die Verhandlung nicht beeinflusst zu werden.

Der vorsitzende Richter stellt die Identität des Angeklagten durch Befragen fest.

Nun verliest der Staatsanwalt den Anklagesatz.

Der vorsitzende Richter vernimmt den Angeklagten zum Lebenslauf und zum Tathergang. Der Angeklagte muss zu seiner Person, nicht aber zum Tathergang Auskunft geben. Nach dem vorsitzenden Richter können Staatsanwaltschaft und Verteidigung das Fragerecht in Anspruch nehmen.

Die Beweisaufnahme wird dann durch die Vernehmung der Zeugen und Sachverständigen fortgesetzt.

Nach dem Schließen der Beweisaufnahme geben zunächst der Staatsanwalt und dann die Verteidigung ihr Plädoyer ab. Sie würdigen die in der Verhandlung erörterten Argumente und Beweise und schlagen zum Schluss einen Urteilsspruch vor (Freispruch, Strafe oder andere Maßnahmen).

Dem Angeklagten gehört das Schlusswort (rechtliches Gehör).

Das Gericht zieht sich zur Beratung zurück.

Der vorsitzende Richter verkündet anschließend das Urteil »Im Namen des Volkes«, während alle im Gerichtssaal stehen. Dann begründet er mündlich das Urteil, fragt Staatsanwaltschaft und Angeklagten/Verteidigung, ob es angenommen wird, belehrt über die Folgen bei nicht pflichtgemäßer Befolgung des Urteils sowie über die Rechte (Revision, Berufung) und schließt die Verhandlung.

(nach Terra, GWG/Wirtschaft, Band 1/2, Klett-Verlag, Stuttgart 2004, S. 210)

Interpretation: Phaedrus I,1 **I I,1 Additum**
                                    (grün)

Additum 2: Rollenkarten

Rollenbeschreibung Richterin/Richter – Du bist in deiner Entscheidung unabhängig, an dir liegt es, für einen fairen Prozess zu sorgen. Das Gericht muss die Schuld beweisen, sonst gilt: in dubio pro reo.

Rollenkarte Angeklagte/Angeklagter – Du kennst deine eigene Vorgeschichte. Du willst mit deinem Verteidiger eine Verurteilung vermeiden. Du hast als Angeklagter das Recht, deine Aussage zu verweigern.

Rollenbeschreibung Staatsanwältin/Staatsanwalt – Du vertrittst die Interessen der Bürger. Du versuchst die Straftat aufzuklären, um den Beschuldigten anzuklagen. Allerdings musst du auch Tatsachen würdigen, die für den Angeklagten sprechen.

Rollenbeschreibung Verteidigerin/Verteidiger – Du vertrittst die Interessen deines Mandanten, um Schaden von ihm abzuwenden. Du darfst nichts Falsches sagen, aber die Situation so darstellen, dass dein Mandant möglichst gut dabei wegkommt.

Rollenbeschreibung Zeuge/in oder Sachverständige/r – Als Zeuge bist du zufällig am Tatort gewesen oder kennst das Opfer näher (vielleicht bist du ja sogar ein Verwandter). Als Sachverständiger (z.B. als Psychologe) kannst du auf die Motive der Tat eingehen oder ähnliches.

Additum 3: Jean de La Fontaine – Der Wolf und das Lamm

Das Recht des Stärkeren beugt das Recht des Schwachen.
Ein Beispiel soll es deutlich machen.
Ein Lamm stillt' seinen Durst am Bach,
der klar an ihm vorüberrann.
Ein Wolf ging Abenteuern nach
und fand den Platz; der Hunger zog ihn an.
»Was trübst du«, rief das böse Tier voll Wut,
»mein Wasser mir? Was gibt dir solchen Mut?
Wart', deine Frechheit wird dir schaden!«
»Herr«, sprach das Lamm, »ich bitte, Euer Gnaden
wolle sich nicht so sehr erregen,
vielmehr in Ruhe überlegen,
dass mehr als zwanzig Schritt stromauf am Wasserlauf
Sie Ihren Durst stillt, ich stromab von Ihr.
Wie also sollt' ich das verüben
und Ihr beim Trunk das Wasser trüben?«
»Du trübst es!« schrie das wilde Tier.
»Auch sprachst du schlecht von mir vergangnes Jahr.«
»Wie könnt ich, da ich nicht geboren war?«
versetzt das Lamm, »die Mutter säugt' mich noch.«
»Warst du's nicht, war's dein Bruder doch!«
»Ich habe keinen.« »Nun, dann einer
von deiner Sippschaft; niemals schont ihr meiner,
ihr, eure Hirten, eure Hunde.
Man sagte mir's; ich muß mich rächen!«
Er schleppt es fort zum Waldesgrunde
und frißt es auf zur selben Stunde,
um den Prozeß kurz abzubrechen.

(aus: Kurt Koch, Die schönsten Fabeln, Baden-Baden 1947, S. 17)

Interpretation: Phaedrus I,3: Graculus superbus et pavo

1	Ne gloriari libeat alienis bonis	Damit man nicht Lust bekommt, sich mit anderem Hab und Gut zu brüsten, sondern vielmehr das Leben entsprechend seiner Stellung zu führen, dafür hat uns Aesop folgendes Beispiel überliefert.
2	suoque potius habitu vitam degere,	
3	Aesopus nobis hoc exemplum prodidit:	
4	Tumens inani graculus superbia	Aufgebläht von eitlem Stolz hob eine Krähe Federn auf, die einem Pfau entfallen waren, und schmückte sich mit ihnen. Daraufhin verachtete sie die Artgenossen und mischte sich unter die formschöne Schar der Pfauen.
5	pennas, pavoni quae deciderant, sustulit	
6	seque exornavit. Deinde contemnens suos	
7	se immiscuit pavonum formoso gregi.	
8	Illi impudenti pennas eripiunt avi	Jene entreißen dem unverschämten Vogel die Federn und vertreiben ihn mit ihren Schnäbeln. Übel gerupft trat die Krähe nun traurig den Heimweg zu ihrer eigenen Art an. Von dieser wurde sie zurückgewiesen und zudem noch heftig beschimpft. Da sagte eine von jenen, die sie zuvor verachtet hatte: »Wenn du mit unserem Platz zufrieden gewesen wärest und du das, was die Natur gegeben hatte, zu dulden bereit gewesen wärst, dann hättest du weder jene Schmach erlitten, noch würdest du Unglückliche unsere Zurückweisung spüren.«
9	fugantque rostris. Male mulcatus graculus	
10	redire maerens coepit ad proprium genus.	
11	A quo repulsus tristem sustinuit notam.	
12	Tum quidam ex illis, quos prius despexerat:	
13	»Contentus nostris si fuisses sedibus	
14	et, quod natura dederat, voluisses pati,	
15	nec illam expertus esses contumeliam	
16	nec hanc repulsam tua sentiret calamitas.«	

1. Markiere im lateinischen Text die Wörter und Wendungen, mit denen die Krähe beschrieben wird.

2. a) Ordne den folgenden Abschnitten die Aufbauelemente einer Fabel zu und finde zu jedem Abschnitt eine passende Überschrift.

	Teile der Fabel	mögliche Überschrift
V. 1-3		
V. 4-7		
V. 8-16		

b) Analysiere V. 8-16 genauer: Welche Personen wechseln sich ab und was tun sie? (Achte dabei besonders auf die Subjekte und Prädikate.)

3. Phaedrus hat die Fabel gegenüber Aesop in zwei Punkten verändert: Statt Tauben nahm er Pfauen und er ergänzte die Verse 12-16. Wie hat sich dadurch der Aufbau der Fabel verändert (vgl. 2a). Hat er durch diese Veränderungen die Fabel deiner Ansicht nach verbessert oder verschlechtert?

4. In seinem Vorwort schreibt Phaedrus über Herkunft und Absicht der Fabeldichtung:

»Aesop fand als Erster diesen Stoff, den ich nun im Versmaß des Senars aufgemotzt habe. Die Gabe dieses Büchleins ist zweifach: weil es einerseits Gelächter hervorruft, andererseits durch Ratschläge den klugen Leser ermahnt.«

Bewerte, inwieweit er mit dieser Fabel seinem doppelten Anspruch gerecht wird.

Interpretation: Phaedrus I,3: Graculus superbus et pavo

1	Ne gloriari libeat alienis bonis	Damit man nicht Lust bekommt, sich mit anderem Hab und Gut zu brüsten, sondern vielmehr das Leben entsprechend seiner Stellung zu führen, dafür hat uns Aesop folgendes Beispiel überliefert.
2	suoque potius habitu vitam degere,	
3	Aesopus nobis hoc exemplum prodidit:	
4	Tumens inani graculus superbia	Aufgebläht von eitlem Stolz hob eine Krähe Federn auf, die einem Pfau entfallen waren, und schmückte sich mit ihnen.
5	pennas, pavoni quae deciderant, sustulit	
6	seque exornavit. Deinde contemnens suos	Daraufhin verachtete sie die Artgenossen und mischte sich unter die formschöne Schar der Pfauen.
7	se immiscuit pavonum formoso gregi.	
8	Illi impudenti pennas eripiunt avi	Jene entreißen dem unverschämten Vogel die Federn und vertreiben ihn mit ihren Schnäbeln. Übel gerupft trat die Krähe nun traurig den Heimweg zu ihrer eigenen Art an.
9	fugantque rostris. Male mulcatus graculus	
10	redire maerens coepit ad proprium genus.	
11	A quo repulsus tristem sustinuit notam.	Von dieser wurde sie zurückgewiesen und zudem noch heftig beschimpft. Da sagte eine von jenen, die sie zuvor verachtet hatte: »Wenn du mit unserem Platz zufrieden gewesen wärest und du das, was die Natur gegeben hatte, zu dulden bereit gewesen wärst, dann hättest du weder jene Schmach erlitten, noch würdest du Unglückliche unsere Zurückweisung spüren.«
12	Tum quidam ex illis, quos prius despexerat:	
13	»Contentus nostris si fuisses sedibus	
14	et, quod natura dederat, voluisses pati,	
15	nec illam expertus esses contumeliam	
16	nec hanc repulsam tua sentiret calamitas.«	

1. Markiere im lateinischen Text die Wörter und Wendungen, mit denen die Krähe beschrieben wird.

2. a) Gliedere den lateinischen Text in Abschnitte, benenne die einzelnen Teile nach der Fachterminologie und gib den einzelnen Abschnitten eine passende Überschrift.
   b) Analysiere V. 8-16 genauer: Welche Handlungsträger wechseln sich ab und was tun sie?

3. Phaedrus hat die Fabel gegenüber Aesop in zwei Punkten verändert:
   Statt Tauben nahm er Pfauen und er ergänzte die Verse 12-16.
   Bewerte, ob die Fabel dadurch hinzugewonnen hat.

4. In seinem Vorwort schreibt Phaedrus über Herkunft und Absicht der Fabeldichtung:
   »Aesop fand als Erster diesen Stoff, den ich nun im Versmaß des Senars aufgemotzt habe. Die Gabe dieses Büchleins ist zweifach: weil es einerseits Gelächter hervorruft, andererseits durch Ratschläge den klugen Leser ermahnt.«

   Bewerte, inwieweit er mit dieser Fabel seinem doppelten Anspruch (*delectare et docere*) gerecht wird.

5. Ein lateinisches Sprichwort besagt: *»Contentum suis rebus esse summum bonum est.«* (Zufrieden zu sein mit dem, was man hat, ist das höchste Glück). Erörtere (welche Argumente sprechen für, welche gegen diese Aussage?), ob der Mensch nach Höherem streben oder sich mit seiner Situation zufrieden geben soll.

Interpretation: Phaedrus I,3　　　　　　　　　　　　　　**I I,3 Additum**
　　　　　　　　　　　　　　　　　　　　　　　　　　　　　　　　　　　(grün)
Teil A

Bei Phaedrus finden sich noch zwei weitere Fabeln, in denen Tiere versuchen, gegen ihre Natur etwas, was sie sich wünschen, zu erreichen. Vergleicht die folgenden Geschichten mit der Fabel von der Krähe und den Pfauen und arbeitet Gemeinsamkeiten und Unterschiede heraus.

Additum 1: Phaedrus I,24 – Frosch und Ochse

Der Schwache geht, wenn er sich dem Mächtigen gleichmachen will, zugrunde.
Auf einer Wiese sah der Frosch einst einen Ochsen.
Weil er neidisch wurde wegen solcher Größe,
blies er seine runzelige Haut auf.
Seine Kinder fragte er, ob er nun breiter als der Ochse sei.
Die sagen: Nein! Da spannt er wiederum mit noch mehr Druck
sein Fell und fragt in gleicher Weise, wer nun größer sei.
Der Ochse, sagen jene.
Als er zuletzt entrüstet sich noch stärker dehnen wollte,
platzte er: Sein Körper lag da, tot.

(Eberhard Oberg: Phaedrus Fabeln, Patmos Verlag GmbH und Co. KG / Artemis & Winkler Verlag, Düsseldorf 2002)

Additum 2: Phaedrus III,18 – Der Pfau klagt über seine Stimme

Zur Göttin Iuno kam der Pfau und klagte bitterlich,
sie habe ihm die Sangeskunst der Nachtigall nicht zugeteilt.
Die finde doch Bewunderung bei allen Vögeln,
er aber werde ausgelacht, sobald er Töne von sich gebe.
Um zu trösten, sagte ihm die Göttin nun:
»Du bist durch Schönheit Sieger, Sieger auch durch Größe;
von Smaragd blitzt Glanz an deinem Hals hervor
und bunt bemalt sind deine Federn,
wenn du deinen Perlenschwanz entfaltest.«
»Was soll ich mit der stummen Schönheit«, sprach der Pfau,
»wenn ich nicht siegen kann durch Klang!«
»Nach Schicksalsspruch sind euch nur Teile zugewiesen:
Dir die Schönheit, Kraft dem Adler und der Nachtigall das Lied,
dem Raben Prophetie, der Krähe Glücksverheißung –
und jeder ist mit dem zufrieden, was ihm eigen ist.
So lass dich nicht nach dem gelüsten, was dir nicht gegeben ist,
dass deine Hoffnung nicht enttäuscht in Bitterkeit verfällt.«

(Eberhard Oberg: Phaedrus Fabeln, Patmos Verlag GmbH und Co. KG / Artemis & Winkler Verlag, Düsseldorf 2002)

Interpretation: Phaedrus I,3   **I I,3 Additum (grün)**

Teil B

Träume beflügeln uns, aber ist es wirklich so leicht, seinen Träumen zu folgen? Der Spruch *»Träume nicht dein Leben, sondern lebe deinen Traum«* verweist schon auf die Schwierigkeit, die in der Umsetzung von Träumen, Wünschen und Hoffnungen liegen.

Lies die folgende Geschichte und überlege dir, was du tun würdest. Deinen Traum aufgeben oder trotz des persönlichen Risikos nach Höherem streben?
Verfasse dazu einen Dialog zwischen dem Sonnenfisch und der Krähe aus Fabel I,3.

Der träumende Delfin – Auszug aus dem Buch von Sergio Bambaren

Am nächsten Morgen gönnte sich Daniel (Name des Delfins) eine Pause. Als er gerade seine Reise fortsetzen wollte, bemerkte er einen sonderbaren Fisch, der seinen Kopf aus dem Wasser heraus und der Sonne entgegen streckte. »Wer bist du?« fragte Daniel. »Man nennt mich den Sonnenfisch«, erwiderte der Fisch. »Was für ein lustiger Name«, dachte Daniel. »Was tust Du, Sonnenfisch?« »Nachts schlafe ich, und am Tage folge ich der Sonne. Seit ich lebe, versuche ich Tag für Tag, sie zu berühren, bisher leider ohne Erfolg. Aber ich weiß, dass ich es eines Tages schaffen werde.« »Ist das dein Traum?« fragte Daniel. »Ja«, sagte der Sonnenfisch. »Ich habe immer davon geträumt zu erfahren, wie warm die Sonne wohl ist, wenn sie die ganze Welt am Leben erhält.«
»Ich glaube nicht, dass es dir jemals gelingen wird, die Sonne zu berühren«, sagte Daniel. »Du bist dazu geboren, im Meer zu leben, und wenn du es verlässt, wirst du bestimmt sterben.« »Jeden Morgen geht die Sonne am Horizont auf, ganz gleich, was ich tue«, sagte der Sonnenfisch. »Ich spüre ihre Wärme, und diese Wärme erinnert mich an meinen Traum. Was würdest du denn in meiner Lage tun? Würdest du aus Angst vor dem Tod deinen Traum aufgeben, oder würdest du weiter versuchen, die Sonne zu berühren?«

(aus: Sergio Bambaren: Der träumende Delphin, Piper Verlag GmbH, 8. Auflage München 2009, S. 44f.)

Interpretation: Phaedrus I,5: Vacca et capella, ovis et leo   **I I,5 B**
   (gelb)

1	Numquam est fidelis cum potente societas:	Niemals ist ein Bündnis mit einem Mächtigen verlässlich;
2	Testatur haec fabella propositum meum.	Folgende kleine Fabel bezeugt meine Behauptung.
3	Vacca et capella et patiens ovis iniuriae	Die Kuh, die Ziege und das Schaf, das Unrecht geduldig erleidet,
4	socii fuere cum leone in saltibus.	waren als Jagdgenossen mit dem Löwen in den Wäldern.
5	Hi cum cepissent cervum vasti corporis,	Als diese einen riesigen Hirsch erbeutet hatten, sprach, nachdem die
6	sic est locutus partibus factis leo:	Beute aufgeteilt war, der Löwe folgendermaßen:
7	»Ego primam tollo, nominor quoniam leo;	»Ich nehme den ersten Teil, weil ich „der Löwe" genannt werde;
8	Secundam, quia sum fortis, tribuetis mihi;	den zweiten lasst ihr mir zukommen, weil ich stark bin. Dann, weil
9	Tum, quia plus valeo, me sequetur tertia;	ich stärker bin, fällt mir der dritte Teil zu.
10	Malo adficietur, si quis quartam tetigerit.«	Wenn irgendeiner den vierten Teil anrührt, wird er hart bestraft.« So
11	Sic totam praedam sola improbitas abstulit.	trug die unverschämte Erscheinung allein die ganze Beute weg.

1. Gliedere den Text nach folgendem Schema:

    A) Promythium (belehrender Spruch)   V. _____

    B) Exposition (Darstellung der Situation)   V. _____

    C) Konflikt (Rede / Gegenrede)   V. _____

    D) Ergebnis (Ausgang des Konflikts)   V. _____

2. Der Löwe rechtfertigt seinen Anspruch auf die Beute in vierfacher Weise (V. 7-10).
    a) Markiere in den ersten drei Sätzen die begründenden Konjunktionen.
    b) Wie wirkt der Anspruch des Löwen, sich auch noch den vierten Teil zu sichern? Mit welcher Konjunktion wird dies verdeutlicht?

3. Markiere zunächst im Text (V. 5-10) folgende Stilmittel und beschreibe dann in der Tabelle ihre beabsichtigte Wirkung auf den Leser.

Art des Stilmittels	Stelle	beabsichtigte Wirkung auf den Leser
Alliteration (Betonung mehrerer aufeinander folgender Wörter durch gleiche Anfangsbuchstaben)	V.	
Onomatopoie (Klang- und Lautmalerei: auffällige Häufung von gleichen Vokalen)	V.	
Variation (Verwendung verschiedener Wörter, die die gleiche Bedeutung haben)	V.	
Klimax (Steigerung in der Länge der Worte / Satzglieder oder im Aussageinhalt / in der Intensität)	V.	

4. *Kreatives Schreiben:* Die kurze Fabel kommt zum Ende, ohne dass die drei Protagonisten Kuh, Ziege und Schaf noch einmal in Erscheinung getreten wären. Überlege dir eine kurze Fortsetzung der Fabel (5-10 Zeilen). Du kannst, wenn dir nichts einfällt, folgende Wörtern verwenden: *enttäuscht – List ersinnen – ablenken – Strafe – Hilfe – auslachen*

Interpretation: Phaedrus I,5: Vacca et capella, ovis et leo   I I,5 C
                                                                      (blau)

1	Numquam est fidelis cum potente societas:	Niemals ist ein Bündnis mit einem Mächtigen verlässlich;
2	Testatur haec fabella propositum meum.	Folgende kleine Fabel bezeugt meine Behauptung.
3	Vacca et capella et patiens ovis iniuriae	Die Kuh, die Ziege und das Schaf, das Unrecht geduldig erleidet,
4	socii fuere cum leone in saltibus.	waren als Jagdgenossen mit dem Löwen in den Wäldern.
5	Hi cum cepissent cervum vasti corporis,	Als diese einen riesigen Hirsch erbeutet hatten, sprach, nachdem die
6	sic est locutus partibus factis leo:	Beute aufgeteilt war, der Löwe folgendermaßen:
7	»Ego primam tollo, nominor quoniam leo;	»Ich nehme den ersten Teil, weil ich „der Löwe" genannt werde;
8	Secundam, quia sum fortis, tribuetis mihi;	den zweiten lasst ihr mir zukommen, weil ich stark bin. Dann, weil
9	Tum, quia plus valeo, me sequetur tertia;	ich stärker bin, fällt mir der dritte Teil zu.
10	Malo adficietur, si quis quartam tetigerit.«	Wenn irgendeiner den vierten Teil anrührt, wird er hart bestraft.« So
11	Sic totam praedam sola improbitas abstulit.	trug die unverschämte Erscheinung allein die ganze Beute weg.

1. a) Vollziehe den Aufbau dieser Fabel durch eine Gliederung nach.
   b) Begründe, warum der dritte Teil von der sonst in einer Fabel üblichen Gestaltung abweicht.
   c) Welche deutsche Redensart geht auf diese Fabel zurück?

2. Beschreibe, wie der vierfache Anspruch des Löwen auf die Beute variiert (*variatio*) und gesteigert (*climax*) wird.

3. Markiere im Text (V. 5-11) vier Stilmittel und beschreibe dann in der Tabelle ihre Wirkung auf den Leser.

Art des Stilmittels	Stelle	Wirkung auf den Leser
	V.	
	V.	
	V.	
	V.	

4. a) Welches Verhalten wird deiner Meinung nach vom Autor in V. 11 als *improbitas* bezeichnet?
   b) Ein Herausgeber von Phaedrus-Fabeln hat zu dieser kurzen Fabel einen Kommentar geschrieben. Ist aus deiner Perspektive das folgende Urteil gerechtfertigt?

»(Zu den) Jagdgenossen: Die Gewinne einer Wirtschaftsvereinigung (*societas*) wurden nach den Leistungen der Genossen ausgeschüttet. Als dem eigentlichen Jäger gebührte dem Löwen mehr als ein Viertel. Getadelt wird also auch die Torheit der Haustiere. Die *Unverschämtheit* des Löwen besteht in der überhöhten Forderung und der schönen Rhetorik.«

(Eberhard Oberg: Phaedrus Fabeln, Patmos Verlag GmbH und Co. KG / Artemis & Winkler Verlag, Düsseldorf 2002, S. 212)

5. *Kreatives Schreiben:* Die kurze Fabel kommt zum Ende, ohne dass die drei Protagonisten Kuh, Ziege und Lamm noch einmal in Erscheinung getreten wären. Überlege dir eine kurze Fortsetzung der Fabel (5-10 Zeilen).

Interpretation: Phaedrus I,5

I I,5 Additum (grün)

Teil A

Erarbeite aus der Fabel von der Jagdgenossenschaft und der folgenden Geschichte über den Streik der Plebejer (siehe Information) Gemeinsamkeiten und Unterschiede. Lege dabei folgende Kategorien zugrunde:

- Situation – Handlungsträger der Geschichte
- Wer ist auf wen angewiesen und warum?
- Konflikt (um welchen Sachverhalt geht es)?
- Zu welchem Ergebnis kommt die Geschichte?
- Sind die Aussagen ähnlich oder unterschiedlich?

Additum 1: Livius – ab urbe condita II,32 (Der Streik der Plebejer)

Information: In den Anfangszeiten der römischen Republik hatte das gewöhnliche Volk (die Plebejer) nur sehr eingeschränkte Rechte. Insbesondere durften sie wichtige politische Ämter (z. B. das Konsulat) nicht bekleiden, die ausschließlich der römischen Adelsschicht (den Patriziern) vorbehalten waren. Weil die Plebejer also keine vollen politischen Rechte besaßen und sie so ihren Interessen keine Geltung verleihen konnten, machte sich Unzufriedenheit breit. Daher entschlossen sich die Plebejer, aus der Stadt auszuziehen und sich auf einem Berg in der Nähe Roms zu versammeln. Dies konnte man als Streik bezeichnen, denn ohne die Masse des Volkes konnten weder die täglichen Geschäfte abgewickelt, noch im Kriegsfall ein Heer aufgestellt werden. Man schickte einen Unterhändler zu den Streikenden, der ihnen folgende Geschichte erzählte:

(9) In einer Zeit, in der im Menschen nicht wie heute alle Glieder miteinander harmonierten, sondern die einzelnen Glieder jeweils ihren eigenen Plan und ihre eigene Stimme hatten, entrüsteten sich die übrigen Teile, dass alles für den Magen durch ihre Sorge, Mühe und ihr Pflichtbewusstsein zusammengesucht wird, der Magen aber in der Mitte ruhe und nur die ihm gegebenen Wohltaten genieße.

(10) Darauf verschworen sie sich, so dass die Hand die Speise nicht zum Mund führen und weder der Mund das Gegebene annehmen noch die Zähne es zerkauen sollten. Während sie den Magen durch Hunger bändigen wollten, kam es durch ihre Wut zur äußersten Entkräftung der einzelnen Glieder selbst und des ganzen Körpers zusammen mit dem Magen.

(11) Da ist es deutlich geworden, dass auch der Dienst des Magens nicht nutzlos ist und der Magen nicht mehr ernährt wird, als er ernährt, indem er das durch die verdaute Speise angereicherte Blut in alle Teile des Körpers zurückgibt, durch das wir leben und stark sind, gleich verteilt in die Adern.

Teil B

Übertragt die Handlung und die Aussage der Fabel auf ein Beispiel der heutigen Zeit. Baut dieses Beispiel zu einer kleinen Spielszene aus, die ihr vor der Klasse mit verteilten Rollen vortragt. Ihr könnt dabei die Aussage der Fabel gerne abwandeln und freier gestalten. Als kleine Anregung hierzu kann euch die satirische »Weiterentwicklung« unserer Fabel durch James Thurber dienen…

Additum 2: James Thurber – Der Löwe und die Füchse

Gerade hatte der Löwe dem Schaf, der Ziege und der Kuh auseinander gesetzt, dass der von ihnen erlegte Hirsch einzig und allein ihm gehöre, als drei Füchse erschienen und vor ihn hintraten. »Ich nehme ein Drittel des Hirsches als Strafgebühr«, sagte der erste Fuchs. »Du hast nämlich keinen Jagdschein.« »Und ich«, sagte der zweite, »nehme ein Drittel des Hirsches für deine Witwe, denn so steht es im Gesetz.« »Ich habe gar keine Witwe«, knurrte der Löwe. »Lassen wir doch die Haarspaltereien«, sagte der dritte Fuchs und nahm sich ebenfalls seinen Anteil. »Als Einkommensteuer«, erklärte er. »Das schützt mich ein Jahr lang vor Hunger und Not.« »Aber ich bin der König der Tiere«, brüllte der Löwe. »Na, dann hast du ja eine Krone und brauchst das Geweih nicht«, bekam er zur Antwort, und die drei Füchse nahmen auch noch das Hirschgeweih mit.

Moral: Heutzutage ist es nicht mehr so leicht wie in früheren Zeiten, sich den Löwenanteil zu sichern.

(aus: James Thurber: 75 Fabeln für Zeitgenossen. Den unverbesserlichen Sündern gewidmet. Deutsche Übersetzung von U. Hengst, H. Reisinger, H. M. Ledig-Rowohlt, Rowohlt Verlag, 21. Auflage Reinbek bei Hamburg 2006, S. 94)

Interpretation: Phaedrus I,21: Leo senex, aper, taurus et asinus I I,21 B
(gelb)

1	Quicumque amisit dignitatem pristinam	Wer seine frühere Machtstellung verloren hat, der dient den Feigen
2	ignavis etiam iocus est in casu gravi.	in seinem schweren Unglücksfall zur Belustigung.
3	Defectus annis et desertus viribus	Als ein Löwe, altersschwach und von seinen Kräften verlassen,
4	leo cum iaceret spiritum extremum trahens,	dalag, während er seinen letzten Atemzug machte,
5	aper fulmineis venit ad eum dentibus	kam ein Eber zu ihm mit blitzenden Hauern
6	et vindicavit ictu veterem iniuriam.	und rächte altes Unrecht mit einem Stoß seiner Zähne.
7	Infestis taurus mox confodit cornibus	Mit gesenkten Hörnern durchbohrte dann der Stier den feindlichen
8	hostile corpus. Asinus, ut vidit ferum	Körper. Der Esel, als er sah, dass das wilde Tier ungestraft verletzt
9	impune laedi, calcibus frontem extudit.	wird, zertrümmerte ihm mit seinen Hufen die Stirn.
10	At ille expirans: »Fortes indigne tuli	Der Löwe aber, im Sterben liegend, sagte: »Ich habe unwillig
11	mihi insultare: te, naturae dedecus,	ertragen, dass die Tapferen mich verhöhnen. Dadurch, dass ich
12	quod ferre cogor, certe bis videor mori.«	gezwungen werde, dich, du Schandfleck der Natur, zu ertragen, scheine ich gewiss zweimal zu sterben.«

1. a) Gliedere die Fabel in folgende Teile: Promythium – Exposition – Handlung – (Ergebnis)
   b) Wie bei vielen Geschichten verwendet der Autor bei dieser Fabel eine dreifache Wiederholung bzw. Variation der Handlung (V. 5-9). Analysiere diese Variation:

Wer…?	…macht was?	…mit welcher Begründung?	…womit/mit welchem »Werkzeug«?

   c) Bewerte das Verhalten der Handlungsträger gegenüber dem Löwen. Vergleiche deine eigene Wertung mit der des Löwen.

   Eigene Wertung   *Wertung durch den Löwen*

   ……………………………   …………………………… usw.

2. Übertrage die Wendungen, die mit dem jeweiligen Stilmittel bezeichnet werden.

Vers	Art des Stilmittels	lateinische Wendung
V. 3	*Parallelismus* (gleicher Aufbau einander entsprechender Satzglieder)	
V. 5/7	*Hyperbaton* (= Sperrung: Trennung zweier zusammengehöriger Worte)	
V. 6	*Alliteration* (Betonung zweier oder mehrerer Wörter durch gleiche Anfangsbuchstaben)	

3. »Der inhumane (*unmenschliche, Anmerkung: Jürgen Sauter*) Charakter der Welt der Tiere [kann] dazu [helfen], das Verkehrte am menschlichen Dasein herauszuarbeiten.« (W. Kißel: 1985, S. 285) Beschreibe, welche menschliche Verhaltensweise mit dieser Fabel kritisiert werden soll.

Interpretation: Phaedrus I,21: Leo senex, aper, taurus et asinus I I,21 C
(blau)

1	Quicumque amisit dignitatem pristinam	Wer seine frühere Machtstellung verloren hat, der dient den Feigen
2	ignavis etiam iocus est in casu gravi.	in seinem schweren Unglücksfall zur Belustigung.
3	Defectus annis et desertus viribus	Als ein Löwe, altersschwach und von seinen Kräften verlassen,
4	leo cum iaceret spiritum extremum trahens,	dalag, während er seinen letzten Atemzug machte,
5	aper fulmineis venit ad eum dentibus	kam ein Eber zu ihm mit blitzenden Hauern
6	et vindicavit ictu veterem iniuriam.	und rächte altes Unrecht mit einem Stoß seiner Zähne.
7	Infestis taurus mox confodit cornibus	Mit gesenkten Hörnern durchbohrte dann der Stier den feindlichen
8	hostile corpus. Asinus, ut vidit ferum	Körper. Der Esel, als er sah, dass das wilde Tier ungestraft verletzt
9	impune laedi, calcibus frontem extudit.	wird, zertrümmerte ihm mit seinen Hufen die Stirn.
10	At ille expirans: »Fortes indigne tuli	Der Löwe aber, im Sterben liegend, sagte: »Ich habe unwillig
11	mihi insultare: te, naturae dedecus,	ertragen, dass die Tapferen mich verhöhnen. Dadurch, dass ich
12	quod ferre cogor, certe bis videor mori.«	gezwungen werde, dich, du Schandfleck der Natur, zu ertragen, scheine ich gewiss zweimal zu sterben.«

1. a) Die Fabel ist klassisch aufgebaut. Stelle die Gliederung schematisch dar.
   b) Wie bei vielen Geschichten verwendet der Autor bei dieser Fabel eine dreifache Wiederholung bzw. Variation der Handlung (V. 5-9). Analysiere diese Variation.
   c) Bewerte das Verhalten der Handlungsträger gegenüber dem Löwen. Vergleiche deine eigene Wertung mit der des Löwen.

   Eigene Wertung   *Wertung durch den Löwen*

   .... usw.

2. Erarbeite aus dem lateinischen Text mindestens drei Stilmittel und übertrage sie in die Tabelle.

Vers	Art des Stilmittels	lateinische Wendung

3. »Der inhumane (*unmenschliche, Anmerkung: Jürgen Sauter*) Charakter der Welt der Tiere [kann] dazu [helfen], das Verkehrte am menschlichen Dasein herauszuarbeiten.« (W. Kißel: 1985, S. 285) Beschreibe, welche menschliche Verhaltensweise mit dieser Fabel kritisiert werden soll.

4. Oft haben Tiere in Fabeln einen typischen Charakter (z.B. der »schlaue« Fuchs). Vergleiche die Fabel vom altersschwachen Löwen mit der Fabel I,5 (Die »Jagdgenossenschaft«) sowie weiteren dir bekannten Fabeln. Arbeite die verschiedenen Charaktere der Tiere heraus.

Interpretation: Phaedrus I,21 **I I,21 Additum**
                                    (grün)

Teil A

Fabeln arbeiten sehr stark mit typischen Tiercharakteren. Allerdings kann ein Tier in unterschiedlichen Geschichten mit verschiedenen Rollen auftreten.

a) Arbeitet anhand der Fabel I,21 und anhand der Addita 1-3 heraus, wie das Tier »Esel« dargestellt wird.

b) Entwerft ein Plakat, auf dem ihr verschiedene Tiercharaktere (z.B. Esel, Löwe, Lamm etc.) vorstellt. Ihr könnt das Plakat auch gerne zu einer Collage ausweiten (z.B. mit Bildern aus Zeitschriften).

Additum 1: Phaedrus – Esel und Hirte (I,15)

Beim Wechsel einer Herrschaft ändert sich meist für die Armen nichts, außer der Sinnes- und Eigenart ihres Herrn. Dass das wahr ist, zeigt folgende kleine Fabel:
Auf einer Weide ließ ein alter und ängstlicher Hirte den Esel weiden. Als ihn plötzlich ein feindliches Geschrei erschreckte, gibt er dem Esel folgenden Rat: »Fliehen wir! Nicht dass wir noch ergriffen werden.«
Doch der Esel sagt mit Bedacht: »Ach bitte, meinst du denn, mir lädt der Sieger immer zwei statt einem Packen auf?«
»Nein«, sprach der Alte. – »Was liegt mir also daran, bei wem ich diene, wenn ich meine Packen trage?«

(Übersetzung in Anlehnung (mit Änderungen) an Eberhard Oberg: Phaedrus Fabeln, Patmos Verlag GmbH und Co. KG / Artemis & Winkler Verlag, Düsseldorf 2002)

Additum 2: nach Aesop – Der Esel im Löwenfell

Einst fand ein Esel ein Löwenfell. Er hing es sich um, lief im Dorf herum und erschreckte jeden, den er traf. Männer, Frauen, Tiere – alle flohen, so schnell sie nur konnten. »Iah, iah«, lachte der Esel. »Das macht mehr Spaß, als Holz zu schleppen. Seht doch nur, wie sie alle laufen! Iah, iah!«
»Ach, du bist es«, sagte der Fuchs, der sich hinter einer Mauer versteckt hatte. »Wenn du schon vorgibst, ein Löwe zu sein, dann solltest du besser dein Maul halten und dich nicht mit deinem Eselsgeschrei verraten.«

(aus: Phaedrus Fabeln, herausgegeben von Gschwandtner, Helfried / Brandstätter, Christian, Wien 2000, S. 17)

Additum 3: Helmut Arntzen – Der Esel im Löwenfell

Der Esel mit der Löwenhaut kam zu den Schlangen: »Stark bin ich. Wie werde ich klug?«, fragte er. »Häute dich«, rieten die Schlangen. »Aber dann bin ich ja wieder der alte Esel.« »Alle Klugheit«, sagten die Schlangen »beginnt mit der Selbsterkenntnis.«

(aus: Arntzen, Helmut, Kurzer Prozess – Aphorismen und Fabeln, München 1966)

Interpretation: Phaedrus I,21: Teil B

Zeichnet die Fabel als Comic / Manga. Ihr könnt euch dabei, wenn ihr möchtet, an folgender Bildfolge orientieren.

I 1,21 Additum (grün)

Kraftlos und alt hatte sich der Löwe niedergelegt…

Dann kam…

…als…

Als schließlich der Esel…

Nun war es um den Löwen geschehen.

…da……

Interpretation: Phaedrus III,8: Soror ad fratrem

I III,8 B
(gelb)

1	Praecepto monitus saepe te considera!	Durch eine Lehre ermahnt, sollst du dich immer wieder selbst prüfen.
2	Habebat quidam filiam turpissimam	Jemand hatte eine überaus hässliche Tochter und zugleich einen Sohn mit besonders hübschem Gesicht. Diese schauten zufällig, während sie in kindlicher Weise spielten, in einen Spiegel, der am Lehnstuhl der Mutter angebracht war.
3	idemque insignem pulchra facie filium.	
4	Hi, speculum in cathedra matris ut positum fuit,	
5	pueriliter ludentes forte inspexerunt.	
6	Hic se formosum iactat. Illa irascitur	Der Sohn brüstet sich damit, schön zu sein. Jene gerät in Zorn und erträgt schon nicht mehr die Sticheleien des Bruders, der sich rühmt, da sie alles – wie könnte es auch anders sein – als Beleidigung empfindet. Also rennt sie zum Vater hin, um den Sohn ihrerseits zu verletzen und klagt ihn mit großer Gehässigkeit an: dass er nämlich, zum Mann geboren, Frauensachen angerührt habe.
7	nec gloriantis sustinet fratris iocos,	
8	accipiens – quid enim? – cuncta in contumeliam.	
9	Ergo ad patrem decurrit laesura invicem	
10	magnaque invidia criminatur filium,	
11	vir natus quod rem feminarum tetigerit.	
12	Amplexus ille utrumque et carpens oscula	Beide umarmt der Vater, küsst sie, verteilt an beide fürsorgliche Liebe und sagt: »Ich möchte, dass ihr beide täglich in den Spiegel schaut, du, damit du deine Schönheit nicht durch das Übel Nichtsnutzigkeit verdirbst, du, damit du diese äußere Erscheinung durch deine gute Wesensart ausgleichst.«
13	dulcemque in ambos caritatem partiens:	
14	»Cottidie« inquit »speculo vos uti volo,	
15	tu formam ne corrumpas nequitiae malis,	
16	tu faciem ut istam moribus vincas bonis.«	

1. a) Gliedere den Text nach folgendem Schema:

    A) Promythium (belehrender Spruch)   V. _____

    B) Exposition (Darstellung der Situation)   V. _____

    C) Konflikt (Rede / Gegenrede)   V. _____

    D) Ergebnis (Ausgang des Konflikts)   V. _____

b) Die Verse 4/5 stellen einen Übergang zwischen Exposition und Konflikt dar. Erläutere, inwieweit der folgende Konflikt dadurch schon angedeutet wird.

2. Die Partizipien *ludentes* (V. 5), *gloriantis* (V. 7), *accipiens* (V. 8) und *laesura* (V. 9) strukturieren den Mittelteil der Fabel bis zur Klage des Mädchens bei ihrem Vater. Begründe, welche Sinnrichtung in der deutschen Übersetzung für die Nebensätze gewählt wurde und setze dich damit kritisch auseinander.

3. Das Ziel, das der Vater mit dem Ratschlag an seine Tochter verfolgt, ist, dass sie ihre äußere Erscheinung *durch eine gute Wesensart* ausgleicht.

a) Nenne aus der Fabel die Wendungen, mit denen die Tochter bzw. ihr Verhalten beschrieben wird.

    V. 2 _____

    V. 6 _____

    V. 9 _____

    V. 10 _____

b) Inwiefern entspricht/widerspricht das Verhalten der Tochter dem Wunsch des Vaters?

Interpretation: Phaedrus III,8: Soror ad fratrem **I III,8 C**
(blau)

1	Praecepto monitus saepe te considera!	Durch eine Lehre ermahnt, sollst du dich immer wieder selbst prüfen.
2	Habebat quidam filiam turpissimam	Jemand hatte eine überaus hässliche Tochter und zugleich einen Sohn mit besonders hübschem Gesicht. Diese schauten zufällig, während sie in kindlicher Weise spielten, in einen Spiegel, der am Lehnstuhl der Mutter angebracht war.
3	idemque insignem pulchra facie filium.	
4	Hi, speculum in cathedra matris ut positum fuit,	
5	pueriliter ludentes forte inspexerunt.	
6	Hic se formosum iactat. Illa irascitur	Der Sohn brüstet sich damit, schön zu sein. Jene gerät in Zorn und erträgt schon nicht mehr die Stichleleien des Bruders, der sich rühmt, da sie alles – wie könnte es auch anders sein – als Beleidigung empfindet. Also rennt sie zum Vater hin, um den Sohn ihrerseits zu verletzen und klagt ihn mit großer Gehässigkeit an: dass er nämlich, zum Mann geboren, Frauensachen angerührt habe.
7	nec gloriantis sustinet fratris iocos,	
8	accipiens – quid enim? – cuncta in contumeliam.	
9	Ergo ad patrem decurrit laesura invicem	
10	magnaque invidia criminatur filium,	
11	vir natus quod rem feminarum tetigerit.	
12	Amplexus ille utrumque et carpens oscula	Beide umarmt der Vater, küsst sie, verteilt an beide fürsorgliche Liebe und sagt: »Ich möchte, dass ihr beide täglich in den Spiegel schaut, du, damit du deine Schönheit nicht durch das Übel Nichtsnutzigkeit verdirbst, du, damit du diese äußere Erscheinung durch deine gute Wesensart ausgleichst.«
13	dulcemque in ambos caritatem partiens:	
14	»Cottidie« inquit »speculo vos uti volo,	
15	tu formam ne corrumpas nequitiae malis,	
16	tu faciem ut istam moribus vincas bonis.«	

1. a) Gliedere die Fabel nach inhaltlichen Gesichtspunkten.

   b) Zwei Verse leiten von der Exposition zur *actio* bzw. *reactio* über. Beschreibe, wie der nun folgende Konflikt dadurch bereits angedeutet wird.

2. Die zeitliche und inhaltliche Abfolge des Hauptteils wird durch Partizipialkonstruktionen gestaltet. Nenne (mit Zeilenangabe) die Partizipien, begründe die Wahl der Sinnrichtung in der deutschen Übersetzung und setze dich damit kritisch auseinander.

3. Das Ziel, das der Vater mit dem Ratschlag an seine Tochter verfolgt, ist, dass sie ihre äußere Erscheinung *durch eine gute Wesensart* ausgleicht.

   a) Nenne aus der Fabel die Wendungen, mit denen die Tochter bzw. ihr Verhalten beschrieben wird.

   V. _____

   V. _____

   V. _____

   V. _____

   b) Inwiefern entspricht/widerspricht das Verhalten der Tochter dem Wunsch des Vaters?

4. Die Verse 15/16 sind in ihrer Stilistik kunstvoll gestaltet.

   a) Analysiere diese beiden Verse, vor allem in Hinblick auf Parallelität bzw. Antithese.

   b) Inwieweit unterstützt der Autor damit die inhaltliche Aussage?

Interpretation: Phaedrus III,8 **I III,8 Additum**
  (grün)

Gesprächsrunde: »Schöne Menschen haben's leichter«
Schönheit ist in unserer Gesellschaft ein vieldiskutiertes Thema. Haben es schöne Menschen im Leben leichter, sind sie glücklicher? Oder im Gegenteil, haben sie es schwerer, ist das »Schönsein« mehr Last als Freude?

Stellt euch vor, Vater, Sohn und Tochter treffen sich nach ungefähr zwanzig Jahren wieder. Bei ihrem Wiedersehen kommen sie irgendwann auf das Thema Schönheit und die Ereignisse zu sprechen, die ihr aus der Fabel kennt.

1) Setzt euch mit dem Thema »Schöne Menschen haben's leichter« auseinander und bereitet eine kleine Gesprächsrunde vor.
2) Dazu muss jeder von euch die Rolle einer Person einnehmen: Vater, Sohn oder Tochter (die Rollenkarten helfen euch dabei). Zusätzlich gibt es noch einen unabhängigen Moderator.
3) Lest zusätzlich zur Fabel den Text, der auf eurer Rollenkarte als Material **M** angegeben ist.
4) Bringt zusätzlich zum Material eigene Ideen und Argumente ein. Überlegt, wie das Leben von Sohn und Tochter verlaufen sein könnte, welche Erfahrungen sie gemacht haben usw.

Rollenkarten

Rolle: Sohn (M1; M2)	Rolle: Tochter (M3)
Der Sohn hat neben positiven Erfahrungen auch gemerkt, dass Schönheit nicht gleichbedeutend mit Glück ist, ja dass man Glück vielleicht sogar schwerer erreichen kann, wenn man schön ist.	*Die Tochter hat vor allem eine Erfahrung in ihrem Leben gemacht: »Schöne« Menschen werden bevorzugt, beim Job, der Partnersuche, und, und, und …*

Rolle: Vater (M4)	Rolle: Moderator
Wie schon in der Fabel neigst du weder der einen noch der anderen Position zu. Dir ist wichtig, dass jeder aus seinen Fähigkeiten und Möglichkeiten das Beste macht.	*Deine Aufgabe ist es, dich in alle Rollen einzuarbeiten. Du überlegst dir, wer welche Position vertritt und welche Personen unterschiedliche Auffassungen zu dem Thema haben. So kannst du während der Diskussion die Gesprächsabfolge besser steuern.*

Material

M1: Schöne Menschen sind nicht glücklicher als der Durchschnitt.

Wie oft denken wir uns, »Ach wär' ich doch auch so schön wie Heidi Klum oder Brad Pitt.« Warum eigentlich? Schönheit macht nachweislich nicht glücklicher, gleichgültig ob Mann oder Frau. Es ist genau anders herum: Glück macht schöner! Glückliche Menschen richten sich schöner her als unglückliche, haben eine bessere Ausstrahlung und werden von den anderen als attraktiver wahrgenommen.

Siegfried Trebuch
(http://www.siegfriedtrebuch.com)

M2: Schöne Menschen haben's schwerer

Dass es schöne Menschen im Leben leichter haben, ist ein Irrtum. In dem Moment, in dem wir eine attraktive Person sehen, beurteilen wir sie instinktiv entsprechend einer bestimmten Erwartungshaltung. Erfüllt diese Person unsere Erwartungen bezüglich Charakter, Erfolg und Engagement oder z.B. Auffassungsgabe nicht, so wirkt sich dies für unsere Bewertung schnell negativ aus. Hinzu kommen noch gängige Vorurteile, dass eine Person etwa nur aufgrund ihres Äußeren in eine bestimmte Position gelangt ist oder sich dadurch Vorteile erhofft.

Interpretation: Phaedrus III,8   **I III,8 Additum**
                                                                        (grün)

M3: Macht durch Schönheit

Warum bekommen Gutaussehende höhere Gehälter? Buchautor Frank Naumann erklärt den Zusammenhang zwischen Attraktivität und Erfolg.

Die Welt: Haben Schöne es wirklich leichter im Leben?

<u>Frank Naumann</u>: Ja. Sie werden aufmerksamer wahrgenommen. Das geht schon im Säuglingsalter los, hübsche Babys werden von Krankenschwestern und im Kindergarten mehr betreut, Lehrer widmen sich gut aussehenden Schülern mehr. Sie tun das aber nicht bewusst.

Welt: Sondern instinktiv?

Ja, und für die Kinder hat das Auswirkungen auf ihr ganzes späteres Leben. Wer von Kindheit an attraktiv wirkt, entwickelt leichter Selbstbewusstsein und findet leichter Kontakte. Das gilt besonders bei Jungs auch für Körpergröße. Große Jungen werden aufmerksamer betrachtet. Als Erwachsene bekommen sie mehr Gehalt, werden von Ärzten aufmerksamer behandelt, als Angeklagte vor Gericht milder bestraft.

Welt: Sie schreiben, der erste Eindruck eines Menschen hänge zu 55 Prozent von seinem Äußeren ab, zu 38 Prozent von der Stimme und nur zu sieben Prozent davon, was er sagt. Kann jeder mittelmäßig begabte Gutaussehende mit angenehmer Stimme Chef werden?

Nein, diese Zahlen betreffen nur den ersten Eindruck. Ein gut aussehender Mensch hat sozusagen Vorschusslorbeeren, aber er muss sich natürlich bewähren.

Quelle: http://www.welt.de/print-welt/article234336/Macht_durch_Schoenheit.html
(8. August 2006, Interview mit dem Buchautor Frank Naumann.)

M4: Die Parabel von den unterschiedlichen Talenten

Wir kommen auf die Welt und schlagen eines Tages die Augen auf, und dann überschlagen wir die Chancen, die wir haben, im Leben voranzukommen; wir prüfen unsere Fähigkeiten, rechnen mit unseren Möglichkeiten, und siehe da!, gleich neben uns gibt es Menschen, die in irgendeinem Punkte besser dazustehen scheinen als wir selber. Sie sind schöner, klüger, reicher, besser, in irgendeiner Weise bevorzugt auf die Welt gekommen. [...]

Aber wenn wir einmal denken könnten, es käme wesentlich in unserem Leben überhaupt nicht darauf an, wie wir in Bezug zu anderen abschneiden, die einzig wesentliche Frage unseres Lebens bestünde vielmehr darin, wie wir mit dem umgehen, was Gott uns gegeben hat, so könnte auf der Stelle Frieden in unser Herz einkehren. Denn Gott wird uns nicht danach fragen, warum wir nicht Mose oder Abraham oder Jeremia gewesen sind, Gott wird uns ganz nüchtern und einfach fragen, warum wir es unter Umständen versäumt haben, mit all unseren Fähigkeiten und Anlagen wir selber zu werden – nicht mehr, nicht weniger. Die ganze Kunst unseres Lebens könnte dann dem Bestreben gelten, das eigene Maß zu finden und uns selber darin schätzen zu lernen; und die ganze Kunst im Umgang miteinander könnte dann darauf gerichtet sein, einander das Gefühl zu vermitteln, so, wie man selber ist, absolut berechtigt, gut und vor Gottes Augen einzig richtig dazustehen [...].

(aus: Eugen Drewermann, Tiefenpsychologie und Exegese, Band II, Patmos Verlag GmbH und Co. KG, Düsseldorf 1991)

Interpretation: Phaedrus III,15: Canis ad agnum

1	Inter capellas agno balanti canis:	Zum Schaflämmlein, das in einer Ziegenherde blökte, sagte der Hund: »Du irrst, Dummchen; hier ist deine Mutter nicht;« Und zeigte auf die Schafe, die abgesondert entfernt standen.
2	»Stulte« inquit »erras; non est hic mater tua;«	
3	Ovesque segregatas ostendit procul.	
4	»Non illam quaero, quae, cum libitum est, concipit,	»Nicht jene suche ich, die je nach Belieben schwanger wird, und dann die unbekannte Last eine bestimmte Monatszahl herumträgt und zuletzt das ihr entglittene Päckchen von sich gibt. Nein vielmehr suche ich jene, die mich ernährt, indem sie mir das Euter reicht, und ihre eigenen Kinder um die Milch betrügt, damit sie mir nicht fehlt.«
5	Dein portat onus ignotum certis mensibus,	
6	Novissime prolapsam effundit sarcinam;	
7	Verum illam, quae me nutrit admoto ubere	
8	Fraudatque natos lacte, ne desit mihi.«	
9	»Tamen illa est potior quae te peperit.« »Non ita est.	»Dennoch ist die, die dich gebar, wichtiger.« »Nein. Woher wusste sie denn, ob schwarz oder weiß ich geboren bin? Und weiter: Wenn sie sich gewünscht hätte, ein Mädchen zu gebären, was hätte es genützt, da ich ja ein Männchen wurde? Wahrlich hat sie mir bei der Geburt eine große Wohltat erwiesen, dass ich den Schlachter zu jeder einzelnen Stunde erwarte! Warum sollte also sie, die bei der Erzeugung keinen Einfluss hatte, wichtiger sein als die, die sich meiner annahm, als ich dalag, und von sich aus süße Wohltat zeigte. Güte macht die Eltern aus, nicht Blutsverwandtschaft.«
10	Unde illa scivit niger an albus nascerer?	
11	Age porro: parere si voluisset feminam,	
12	Quid profecisset, cum crearer masculus?	
13	Beneficium sane magnum natali dedit,	
14	Ut expectarem lanium in horas singulas!	
15	Cuius potestas nulla in gignendo fuit,	
16	Cur hac sit potior quae iacentis miserita est	
17	Dulcemque sponte praestat benevolentiam?	
18	Facit parentes bonitas, non necessitas.«	
19	His demonstrare voluit auctor versibus	Mit diesen Versen wollte der Autor zeigen, dass sich Menschen gegen natürliche Gesetze stellen, sich von Wohltaten dagegen einnehmen lassen.
20	Obsistere homines legibus, meritis capi.	

1. a) Gliedere die Fabel in ihre Bestandteile: Exposition (V. _____) –

Handlung (V. _____) – Fazit (V. _____) – Epimythium (V. _____)

2. a) Markiere mit unterschiedlichen Farben die Wörter bzw. Wendungen, mit denen das Lämmlein das Verhalten seiner »biologischen Mutter« und seiner »Adoptivmutter« beschreibt.

b) Welches Verhalten wird der »biologischen Mutter«, welches der »Adoptivmutter« zugeschrieben? Welcher Unterschied fällt hinsichtlich der Wortwahl auf?

»biologische Mutter«	»Adoptivmutter«
_____(V. 4/5)	_____(V. 7)
_____(V. 6)	_____(V. 8)
_____(V. 10-12)	
_____(V. 15)	_____(V. 16/17)

3. Der Autor zieht im Epimythium ein Fazit, das nicht so recht mit der Aussage im letzten Satz des Lämmleins übereinstimmt. Erörtere, ob deiner Meinung nach das überlieferte Nachwort den Inhalt treffend wiedergibt. Verfasse, wenn nötig, ein eigenes Nachwort.

Interpretation: Phaedrus III,15: Canis ad agnum   I III,15 C
(blau)

1	Inter capellas agno balanti canis:	Zum Schaflämmlein, das in einer Ziegenherde blökte, sagte
2	»Stulte« inquit »erras; non est hic mater tua;«	der Hund: »Du irrst, Dummchen; hier ist deine Mutter nicht;«
3	Ovesque segregatas ostendit procul.	Und zeigte auf die Schafe, die abgesondert entfernt standen.
4	»Non illam quaero, quae, cum libitum est, concipit,	»Nicht jene suche ich, die je nach Belieben schwanger wird,
5	Dein portat onus ignotum certis mensibus,	und dann die unbekannte Last eine bestimmte Monatszahl
6	Novissime prolapsam effundit sarcinam;	herumträgt und zuletzt das ihr entglittene Päckchen von sich
7	Verum illam, quae me nutrit admoto ubere	gibt. Nein vielmehr suche ich jene, die mich ernährt, indem sie
8	Fraudatque natos lacte, ne desit mihi.«	mir das Euter reicht, und ihre eigenen Kinder um die Milch betrügt, damit sie mir nicht fehlt.«
9	»Tamen illa est potior quae te peperit.« »Non ita est.	»Dennoch ist die, die dich gebar, wichtiger.« »Nein. Woher
10	Unde illa scivit niger an albus nascerer?	wusste sie denn, ob schwarz oder weiß ich geboren bin? Und
11	Age porro: parere si voluisset feminam,	weiter: Wenn sie sich gewünscht hätte, ein Mädchen zu
12	Quid profecisset, cum crearer masculus?	gebären, was hätte es genützt, da ich ja ein Männchen wurde?
13	Beneficium sane magnum natali dedit,	Wahrlich hat sie mir bei der Geburt eine große Wohltat er-
14	Ut expectarem lanium in horas singulas!	wiesen, dass ich den Schlachter zu jeder einzelnen Stunde
15	Cuius potestas nulla in gignendo fuit,	erwarte! Warum sollte also sie, die bei der Erzeugung keinen
16	Cur hac sit potior quae iacentis miserita est	Einfluss hatte, wichtiger sein als die, die sich meiner annahm,
17	Dulcemque sponte praestat benevolentiam?	als ich dalag, und von sich aus süße Wohltat zeigte. Güte
18	Facit parentes bonitas, non necessitas.«	macht die Eltern aus, nicht Blutsverwandtschaft.«
19	His demonstrare voluit auctor versibus	Mit diesen Versen wollte der Autor zeigen, dass sich Mens-
20	Obsistere homines legibus, meritis capi.	chen gegen natürliche Gesetze stellen, sich von Wohltaten dagegen einnehmen lassen.

1. a) Gliedere den lateinischen Text gemäß der typischen Abfolge einer Fabel.
   b) Der Hauptteil weist zweimal ein identisches Aufbaumuster auf. Skizziere es kurz.

2. a) Markiere mit unterschiedlichen Farben die Wörter bzw. Wendungen, mit denen das Lämmlein das Verhalten seiner »biologischen« Mutter und seiner »Adoptivmutter« beschreibt.
   b) Welches Verhalten wird der »biologischen Mutter«, welches der »Adoptivmutter« zugeschrieben? Welcher Unterschied fällt hinsichtlich der Wortwahl auf?

   »biologische Mutter«   *»Adoptivmutter«*

   _____(V.   )   _____(V.   )

   _____(V.   )   _____(V.   )

   _____(V.   )   _____(V.   )

   _____(V.   )   _____(V.   )

3. Der Autor zieht im Epimythium ein Fazit, das nicht so recht mit der Aussage im letzten Satz des Lämmleins übereinstimmt. Erörtere, ob deiner Meinung nach das überlieferte Nachwort den Inhalt treffend wiedergibt. Verfasse, wenn nötig, ein eigenes Nachwort.

Interpretation: Phaedrus III,15 I III,15 Additum
(grün)

Teil A – Welche Mutter ist die Beste?

Versetzt euch in die Situation des Lämmleins, aber in heutiger Zeit. Ihr seid auf der Suche nach eurer Mutter/eurem Vater, und wie ihr gesehen habt, muss dies nicht unbedingt die leibliche Mutter/der leibliche Vater sein. Gebt in der Zeitung eine Such- oder (alternativ) eine Stellenanzeige auf, in der ihr darlegt, was die wahren Eltern ausmacht (nach der Art: *Für die Stelle einer Mutter/eines Vaters in unserer Familie suchen wir …*). Präsentiert eure Anzeige auf Folie oder auf einem Plakat.

Teil B: Die Liebe kommt dann schon – Eine Familie mit drei Pflegekindern

Daniel, Tissy und Jasmin leben bei einer Pflegefamilie. Fertigt eine Gegenüberstellung der Situation der Kinder Tissy und Jasmin (Additum 1) und des Schaflämmleins in Fabel III,15 an. Was erleben sie bei ihrer leiblichen Mutter, welche Erfahrungen machen sie bei ihrer Pflegemutter? Orientiert euch bei eurer Gegenüberstellung an folgendem Schema.

		Erfahrung des Lämmleins	Erfahrungen von Tissy und Jasmin
a)	bei der biologischen Mutter	…………................	…………........................
b)	bei der Pflegemutter /	…………................	…………........................

Interpretation: Phaedrus III,15

Additum 1: Mama und ihre wilden Prinzessinnen

Simon versteht nicht, warum ausgerechnet seine Mutter die Welt retten muss und sich einen Haufen Pflegekinder ins Haus geholt hat. Zehn Jahre lang hatte er sie für sich allein, sie lebten zu zweit in einer kleinen Wohnung, flogen nach Griechenland in den Urlaub, alles war übersichtlich. Dann lernte seine Mutter Thomas kennen, ihren neuen Mann. Binnen fünf
5 Jahren vervierfachte sich die Anzahl der Familienmitglieder. Jetzt füllen sie einen VW-Bus. [Seine] Halbschwestern [Jasmin und Tissy], heute neun und sieben, waren damals drei und anderthalb Jahre alt. Jasmin, die ältere der beiden, mit weißblondem Haar und dunklen Augenringen, konnte noch nicht sprechen und schlingerte durch die Welt wie eine Marionette, deren Fäden durcheinander geraten sind. Sie rannte auf Hauswände und Türrahmen zu,
10 manchmal stieß sie dagegen. Tissy, die weder laufen noch sprechen konnte, steckte sich alles, was klein genug war, in den Mund und schluckte es herunter: Krümel, Steinchen, Murmeln. Das Schlimmste war ihr Schreien. Ihr Markenzeichen, ihre Spaziermusik. Abwechselnd oder gleichzeitig brüllten die Mädchen fast ununterbrochen. Tissy schrie vor dem Einschlafen, von acht bis elf, jeden Abend, monatelang. »Ein Buch anzuschauen war nicht möglich«, sagt
15 Cornelia Regitz. »Die beiden reagierten einfach auf nichts.«
Du bist verrückt, hatten gute Freunde damals gesagt, dir diese Lebensaufgabe ans Bein zu binden. Immerhin hatten sie da schon den zehnjährigen Daniel aus dem Heim bei sich aufgenommen und ein eigenes Kind bekommen. [...] Wenn sie miterlebt, dass andere Kinder vor Tissy und Jasmin Angst haben, weil diese grob und gemein zu ihnen sind, hat Cornelia
20 manchmal eine Stinkwut im Bauch. Aber sie weiß, warum ihre Mädchen so sind, wie sie sind. Die leibliche Mutter von Tissy und Jasmin hatte mit 19 Jahren drei Kinder. Menschen, die die Kinder von klein auf kennen, erzählen, dass sie in ihre Gitterbetten ins Schlafzimmer verbannt waren. Dort hätten sie geschrien und sich die Haare ausgerissen. Die Mutter, so heißt es, habe kaum mit ihnen gesprochen, sie über Nacht allein gelassen, ihnen ein
25 Meerschweinchen gekauft. Das hätten sie mit Penatencreme eingecremt und ihm das Fell ausgerissen, keiner sagte etwas dazu...
Die Kinder hätten nie mit am Tisch gesessen, von Milchflaschen, Gummibären und ungekochten Nudeln gelebt, die man ihnen ins Bett streute. Die Nachbarn beschwerten sich über den Lärm, aber die Mutter sagte, sie schaffe das schon. Als das Jugendamt ihr mit dem
30 Entzug des Sorgerechts drohte, willigte sie ein, die Kinder wegzugeben. Sie galten als Härtefälle. Die Älteste wurde allein in eine Pflegefamilie vermittelt. Tissy und Jasmin kamen zu Familie Regitz.
In der neuen Familie lernten die Mädchen, dass der Tag einen Rhythmus hat, sie lernten Regeln kennen, Liebe und Geduld. Aber anders als Daniel, der aus dem Kinderheim von klein
35 auf feste Strukturen kannte, wussten Tissy und Jasmin mit den guten Absichten lange nichts anzufangen. Jasmin behielt ihre Augenringe und ihr Misstrauen. Sie zuckte zusammen, wenn man zu schnell auf sie zulief, und lernte nur mühsam sprechen. Tissy kaute an ihren Fingernägeln, aß Gras im Garten, lutschte Schneckenhäuser aus...

(aus: Ute Meckbach, Mama und ihre wilden Prinzessinnen, in: chrismon 05/2008, S. 13ff.)

Laufzettel »Interpretation«: Wer macht was?   L I

Der Laufzettel vermittelt mir und euch einen Überblick über den aktuellen Stand eurer begonnenen und abgeschlossenen Aufgaben.

Bei Arbeitsbeginn tragt ihr euch mit einem Schrägstrich ein (/).
Wenn ihr fertig seid, überkreuzt ihr diesen mit einem zweiten Schrägstrich (X).
Vermerkt außerdem jeweils in Klammern, welche Farbe ihr bearbeitet habt.

Wenn ihr mit eurer Aufgabe einmal nicht weiterkommt, könnt ihr durch einen Blick auf den Laufzettel in Erfahrung bringen, wer diese Aufgabe schon erledigt hat, so dass ihr ihn um Rat fragen könnt.

Name	I I,1	I I,3	I I,5	I I,21	I III,8	I III,15
Max Mustermann		X (gelb)		/ (blau)		

Infoblatt zur Partner- oder Gruppenarbeit GA 1

Überlege dir zunächst anhand der Inhaltsübersicht E 6, mit welcher Fabel du dich in den nächsten vier Unterrichtsstunden gerne beschäftigen möchtest. Mehrfachnennungen sind möglich und erwünscht.

Schreib' deinen Namen und deine ausgewählte(n) Fabel(n) auf einen kleinen Zettel. Wenn du dich für mehrere Fabeln entschieden hast, verwende bitte jeweils einzelne Zettel.

Dein Lehrer wird die Zettel einsammeln und bis zur nächste Stunde auslosen, wer mit wem zusammenarbeiten wird. Die Gruppengröße ist auf jeweils sechs Schüler beschränkt. Lass dich einfach überraschen, wer dein(e) Teamkollege(n) ist/sind.

Eure Partner- bzw. Gruppenarbeit kann in eine Leistungsbeurteilung münden (siehe nächste Seite).

Aufgaben für die Partner- bzw. Gruppenarbeit

Für die Partner- bzw. Gruppenarbeit habt ihr **zwei bis drei Unterrichtsstunden** Zeit.

1. Lest den lateinisch-deutschen Text und gliedert ihn in sinnvolle Abschnitte.
   Achtet dabei auch auf Gliederungssignale (z.B. Signalwörter, Tempus-, Personen-, Themen- oder Ortswechsel) sowie den Spannungsbogen des Textes.
2. Formuliert den/die Hauptgedanken eines jeden Abschnitts.
3. Arbeitet anhand des lateinischen Textes heraus, wie die handelnden Personen dargestellt werden.
4. Arbeitet die Kernaussage(n) des Textes heraus.
5. Verwendet dabei auch das Zusatzmaterial zur Interpretation, das euch Anregungen für die Präsentation im Plenum gibt.
6. Beschreibt, wie spätere Künstler, Schriftsteller oder Musiker die Fabel umgestalten.
   Ihr könnt dabei auf die zur Verfügung gestellten Materialien zurückgreifen und/oder euch mit Hilfe des Internet sowie der Bibliothek selbst auf die Suche nach geeigneten Rezeptionsdokumenten machen.

Aufgaben für die Präsentationsmappe

Die Ergebnisse eurer Partner- oder Gruppenarbeit sollt ihr in einer kleinen Präsentationsmappe von **zwei bis drei Seiten (DIN A4)** schriftlich festhalten.

1. Äußere Gestaltung: Die Präsentationsmappe soll außer den 2-3 Seiten mit dem Ergebnis eurer Gruppenarbeit das Thema der Arbeit, die Namen der Verfasser, eine kurze Gliederung sowie eine Erklärung enthalten, dass die Arbeit selbstständig angefertigt wurde.
2. Zeitlicher Rahmen: Nach der zweiten Unterrichtsstunde legt jede Gruppe dem Lehrer ein schriftliches Konzept vor. Die Präsentationsmappe soll am Ende der dritten Unterrichtsstunde abgegeben werden.

Aufgaben für die Präsentation im Plenum

Für die Präsentation vor dem Plenum stehen euch **15 bis 20 Minuten** zur Verfügung.

1. Überlegt euch, wie ihr die Aufgaben während der Präsentation aufteilen wollt. Jedes Gruppenmitglied übernimmt einen Part.
2. Präsentiert euren Mitschülern auf möglichst kreative Art und Weise den Inhalt eurer Fabel. Ihr könnt z.B. ein Rollen-, Theater-, Hörspiel vorführen, eine Zeitungsmeldung verfassen, eine (lateinische?) Comic-Version erstellen usw.
3. Stellt dem Plenum besonders interessante Interpretationsergebnisse vor.
4. Macht euch Gedanken, wie ihr für eure Mitschüler die wichtigsten Ergebnisse sichern könnt (Tafelanschrieb, Folie, Wandzeitung u.a.).

Auf dem Lehrerpult stehen euch verschiedene Hilfsmittel für die Präsentation zur Verfügung: Folien, Folienstifte, Plakate usw.

Selbstbeurteilungsbogen für die Partner- bzw. Kleingruppenarbeit GA 2

Ihr habt euch mehrere Unterrichtsstunden in Partner- oder Gruppenarbeit auf die anstehende Präsentation vorbereitet. Bevor ihr euren Klassenkameraden eure Ergebnisse präsentiert, soll jeder zunächst für sich seine eigene Arbeit(shaltung) Revue passieren lassen und möglichst realistisch einschätzen.

Setze für jede Aussage dein Kreuzchen in blauer oder schwarzer Farbe an die entsprechende Stelle. Anschließend wird dein Lehrer für den Fall, dass er dich anders einschätzt, sein Kreuzchen ebenfalls setzen. Schätzt er dich besser ein als du selbst, so wird er links von deinem Kreuzchen sein grünes Kreuzchen setzen; schätzt er dich schlechter ein als du selbst, so setzt er rechts von deinem Kreuzchen sein rotes Kreuzchen.

Auf diese Weise kannst du gleich sehen, in welchen Bereichen es unterschiedliche Wahrnehmungen gibt, die ihr im Gespräch abgleichen könnt.

Name: ………………………………

Ich habe immer mitgearbeitet.	**1** 1-2 **2** 2-3 **3** 3-4 **4** 4-5 **5** 5-6 **6**	Ich habe nicht mitgearbeitet.
Ich habe wichtige Ideen eingebracht.	**1** 1-2 **2** 2-3 **3** 3-4 **4** 4-5 **5** 5-6 **6**	Ich habe keine Ideen eingebracht.
Ich habe Aufgaben übernommen.	**1** 1-2 **2** 2-3 **3** 3-4 **4** 4-5 **5** 5-6 **6**	Ich habe keine Aufgaben übernommen.
Ich habe die übernommenen Aufgaben rechtzeitig und vollständig erledigt.	**1** 1-2 **2** 2-3 **3** 3-4 **4** 4-5 **5** 5-6 **6**	Ich habe die übernommenen Aufgaben nicht rechtzeitig und nicht vollständig erledigt.
Ich habe unsere Arbeit nicht gestört.	**1** 1-2 **2** 2-3 **3** 3-4 **4** 4-5 **5** 5-6 **6**	Ich habe unsere Arbeit ständig gestört.
Ich habe die anderen Gruppenmitglieder bei ihrer Arbeit unterstützt.	**1** 1-2 **2** 2-3 **3** 3-4 **4** 4-5 **5** 5-6 **6**	Ich habe die anderen Gruppenmitglieder bei ihrer Arbeit nicht unterstützt.
Ich habe mich intensiv mit der Fabel auseinander gesetzt.	**1** 1-2 **2** 2-3 **3** 3-4 **4** 4-5 **5** 5-6 **6**	Ich habe mich nicht intensiv mit der Fabel auseinander gesetzt.

Teilnoten

Durchschnittsnote der Selbstbeurteilung (25 %) : …………
in Absprache bzw. Abstimmung mit der Lehrkraft

Note für das inhaltliche Ergebnis der Präsentationsmappe (35 %) …………

Note für die Präsentation vor der Klasse (40 %) …………

Endnote …………

Schüler-Rückmeldebogen über die Unterrichtseinheit »Phaedrus – Fabeln« A 1

Am Schluss unseres Lektüreprojekts lade ich euch ein, den Blick noch einmal auf die zurückliegende Unterrichtseinheit zu richten und einzelne Bereiche zu bewerten.

Ihr sollt zu verschiedenen Aussagen Stellung nehmen, indem ihr jeweils ankreuzt, ob sie eurer Meinung nach voll und ganz zutreffen (1), eher zutreffen (2), weniger zutreffen (3) oder überhaupt nicht zutreffen (4). Achtet dabei darauf, die Aussagen genau durchzulesen, damit ihr euer Kreuz nicht aus Versehen in der falschen Spalte macht.

Im Anschluss an jeden Bereich könnt ihr noch ergänzen, was aus eurer Sicht noch fehlt bzw. was ihr noch »unbedingt loswerden« wollt.

Der Fragebogen ist selbstverständlich anonym und ernst gemeinte Kritik ist immer willkommen.

A: Material und Auswahl

		ganz *1*	eher *2*	weniger *3*	nicht *4*
1. Die Materialien waren ansprechend gestaltet.					
2. Ich fand die Unterteilung in verschiedene Anforderungsniveaus gut.					
3. Das Niveau A (rote Kopien) bei der Übersetzung war zu leicht.					
4. Der Unterschied zwischen den einzelnen Niveaustufen war zu gering.	a. beim Übersetzungsteil				
	b. beim Interpretationsteil				
5. Die zusätzlichen Angaben/Hilfen bei Niveau A und B (rote +gelbe Kopie) waren für mich sehr hilfreich und haben mich motiviert.					
6. Ich habe mich bei der Auswahl der Arbeitsblätter meist richtig eingeschätzt.					

Das möchte ich noch ergänzend anmerken:……………………………………………………………………...

……

……

B: Unterrichtsverlauf

		ganz *1*	eher *2*	weniger *3*	nicht *4*
7. Das über weite Teile selbstständige Arbeiten hat mir gut gefallen.					
8. Ich hätte mehr Unterstützung und Anleitung benötigt.	a. beim Übersetzungsteil				
	b. beim Interpretationsteil				
9. Wenn ich Hilfe benötigt habe, habe ich schnell jemanden gefunden, der mir weiterhelfen konnte.					
10. Selbstständiges Arbeiten liegt mir nicht, ich bin oft nicht vorangekommen.					
11. Ich war bei der Auswahl der Arbeitsblätter überfordert bzw. auf Hilfe angewiesen.					
12. Die Gruppenarbeit hat aus meiner Sicht gut funktioniert und war erfolgreich.					

Das möchte ich noch ergänzend anmerken:……………………………………………………………...............

……

……

Differenzierte Klassenarbeit zu den Phaedrus-Fabeln   KA 1

Name:

1. Übersetzung
Bei der differenzierten Übersetzung werden dir zwei verschiedene Fabeln zur Auswahl gestellt, die auf unterschiedlichen Niveaustufen präsentiert werden:
- Bei der ersten Fabel auf Niveau B »Canis per fluvium carnem ferens« wurde der Originaltext an einigen Stellen geringfügig vereinfacht. Außerdem enthält er einige Vokabelhilfen.
- Bei der zweiten Fabel auf Niveau C »Serpens: misericordia novica« wurde der Originaltext zugrunde gelegt und die Vokabelhilfen fallen etwas sparsamer aus.

Überlege dir, welches Niveau du bearbeiten willst. Mit der Wahl des Niveaus legst du auch deinen Notenbereich fest:
- Wenn du Niveau B wählst, kannst du bestenfalls die Note 2-3 erreichen.
- Wenn du Niveau C wählst, kannst du bestenfalls die Note 1 erreichen.

Aufgabe
Übersetze *eine* Fabel ins Deutsche.

Niveau B: Canis per fluvium carnem ferens (Ein Hund, der ein Stück Fleisch durch einen Fluss trägt)

		Vokabelhilfen
1	Cum canis per flumen *natans carnem* ferret,	**natare**: schwimmen; **caro**, carnis *f.*: Fleisch(-stück)
	in *speculo lympharum simulacrum* suum vidit.	**speculum**,i *n.*: Spiegel; **lympha**,ae *f.*: Wasser; **simulacrum**,i *n.*: Bild
3	Aliam *praedam* ab altero ferri putans	**praeda**,ae *f.*: Beute
	eripere [eam] voluit. Sed *aviditas decepta* est.	**aviditas**,atis *f.*: Gier; **decipere**,io,cepi,ceptum: täuschen
5	*Cibum*, quem ore tenebat, *dimisit*,	**cibus**,i *m.*: Speise; **dimittere**,o,misi,missum: fallen lassen
	nec [cibum], quem petebat, *adeo attingere* potuit.	**nec…adeo**: trotzdem nicht, und genauso wenig; **attingere**,o,tigi,tactum: erreichen, erhalten

Niveau C: Serpens: misericordia novica (Die Schlange: nachteiliges Mitleid)

		Vokabelhilfen
1	Qui fert malis auxilium, *post tempus* dolet.	**post tempus** = postea
	Gelu rigentem quidam *colubram* sustulit	**gelu**,us *n.*: Kälte, Frost; **rigere**,eo: starr, steif sein; **colubra**,ae *f.*: Schlange, Natter
3	*sinuque fovit* contra se ipse misericors.	**sinus**,us *m.*: Falte des Gewands, Schoß; **fovere**,eo,fovi,fotum: wärmen
	Namque ut *refecta* est, *necuit* hominem *protinus*.	**reficere**,io,feci,fectum: wiederherstellen; *pass.*: sich erholen; **necuit** = necavit; **protinus**: sogleich
5	Hanc alia [serpens] cum rogaret causam facinoris,	
	respondit: »Ne quis discat prodesse improbis.«	

© 2011 Vandenhoeck & Ruprecht GmbH & Co. KG, Göttingen   Scholz / Sauter

Differenzierte Klassenarbeit zu den Phaedrus-Fabeln KA 2

2. Interpretation

Textgrundlage: Vulpes et Ciconia (Fuchs und Storch bewirten einander)

1 Nulli nocendum: si quis vero laeserit, 2 multandum simili iure fabella admonet.	Man darf niemandem schaden. Wenn aber doch jemand verletzt oder beleidigt wird, darf man mit gleichem Recht bestrafen: so lehrt es die Fabel.
3 Vulpes ad cenam dicitur ciconiam 4 Prior invitasse et illi in patina liquidam 5 posuisse sorbitionem, quam nullo modo 6 Gustare esuriens potuerit ciconia.	Der Fuchs soll zuerst den Storch zum Essen eingeladen und diesem auf einem flachen Teller eine dünne Suppe vorgesetzt haben, von der der Storch, obwohl er doch Hunger hatte, unmöglich kosten konnte.
7 Quae vulpem cum revocasset, intrito cibo 8 Plenam lagonam posuit: huic rostrum inserens 9 Satiatur ipsa et torquet convivam fame.	Als er nun seinerseits den Fuchs eingeladen hatte, stellt er eine Flasche, voll mit zerriebener Speise vor ihn hin: er selbst isst sich satt, indem er seinen Schnabel in die Flasche steckt und quält den Gast mit Hunger.
10 Quae cum lagonae collum frustra lamberet, 11 peregrinam sic locutam volucrem accepimus: 12 »Sua quisque exempla debet aequo animo pati.«	Als dieser vergeblich am Hals der Flasche leckte, hat, wie wir erfahren haben, der Wandervogel so gesprochen: »Ein jeder muss das, was er selbst vorgemacht hat, mit Gleichmut ertragen.«

Aufgabe 1

   a) Gliedere die Fabel mit Hilfe der entsprechenden Fachterminologie (mit Versangabe). (4 P)

   b) In manchen Schulbuchausgaben sind die ersten beiden Verse weggelassen.
      Erläutere, welche Argumente für ein solches Vorgehen und welche dagegen sprechen. (3 P)

Aufgabe 2

   a) Finde in der Fabel vier Gegensatzpaare (Antithesen) und stelle sie einander gegenüber
      (bitte mit Versangabe und Beleg aus dem lateinischen Text). (4 P)

   b) Benenne in der Fabel zwei Stilmittel (bitte mit Versangabe und Beleg (2 P)
      aus dem lateinischen Text).
      Beschreibe, welche Wirkung der Dichter damit beim Leser hervorrufen wollte. (4 P)

Differenzierte Klassenarbeit zu den Phaedrus-Fabeln KA 3

Aufgabe 3

Phaedrus hat die Fabel vom Fuchs und dem Storch nicht selbst erfunden, sondern lediglich die Vorlage von *Aesop* (siehe **M1**) bearbeitet.

a) Benenne auf Deutsch vier Änderungen, die Phaedrus an der Vorlage vorgenommen hat. (4 P)

b) Vergleiche die beiden Erzählungen, indem du auf die Gemeinsamkeiten und Unterschiede eingehst (bitte mit Textbeleg).
Achte dabei auch darauf, wie die Originalfassung nach Aesop und wie die Neubearbeitung nach Phaedrus auf den Leser wirkt. (4 P)

Aufgabe 4

Bei dieser Aufgabe sollst du **entweder A oder B** bearbeiten.

A: Ein Rechtsgrundsatz im Alten Testament lautet: Auge um Auge, Zahn um Zahn. Erörtere, inwieweit dieser Rechtsgrundsatz zur Aussage der Fabel passt und ob er einen guten Ratschlag darstellt, um Konflikte zu lösen. (5 P)

B: Beschreibe und interpretiere das Bild **M2**. (5 P)
Achte dabei besonders auf die Haltung der beiden Tiere.

Materialien

M1: Der Fuchs und der Storch (nach Aesop)
(zu Aufgabe 3)

M 2 (zu Aufgabe 4 B)

1 Ein Fuchs hatte einen Storch zu Gaste gebeten, und setzte die leckersten Speisen vor, aber nur auf ganz flachen Schüsseln, aus denen der Storch mit seinem langen Schnabel nichts fressen konnte.
5 Gierig fraß der Fuchs alles allein, obgleich er den Storch unaufhörlich bat, es sich doch schmecken zu lassen.
Der Storch fand sich betrogen, blieb aber heiter, lobte außerordentlich die Bewirtung und bat sei-
10 nen Freund auf den andern Tag zu Gaste. Der Fuchs mochte wohl ahnen, dass der Storch sich rächen wollte, und wies die Einladung ab. Der Storch ließ aber nicht nach, ihn zu bitten, und der Fuchs willigte endlich ein.
15 Als er nun anderen Tages zum Storche kam, fand er alle möglichen Leckerbissen aufgetischt, aber nur in langhalsigen Geschirren. »Folge meinem Beispiele«, rief ihm der Storch zu, »tue, als wenn du zu Hause wärest.« Und er schlürfte mit seinem
20 Schnabel ebenfalls alles allein, während der Fuchs zu seinem größten Ärger nur das Äußere der Geschirre belecken konnte und nur das Riechen hatte. Hungrig stand er vom Tische auf und gestand zu, dass ihn der Storch für seinen Hochmut hinläng-
25 lich gestraft habe.

Das Autorenteam

Ingvelde Scholz studierte in Heidelberg die Fächer klassische Philologie und evangelische Theologie. Sie ist Lehrerin für Latein und evangelische Religion sowie Leiterin und Koordinatorin der Begabten- und Hochbegabtenförderung am Friedrich-Schiller-Gymnasium in Marbach am Neckar (Preisträgerschule). Außerdem ist sie am Seminar für Didaktik und Lehrerbildung in Stuttgart als Fachleiterin für Latein sowie Lehrbeauftragte für pädagogische Psychologie für die Lehrerausbildung verantwortlich und leitet die Profilgruppe Begabten- und Hochbegabtenförderung. Als Fortbildnerin und Referentin ist sie im In- und Ausland gefragt.

Besondere Schwerpunkte ihrer Tätigkeit: Umgang mit Heterogenität, Binnendifferenzierung, Begabten- und Hochbegabtenförderung, kooperative Unterrichts- und Schulentwicklung, Konfliktbewältigung und Teamentwicklung, offene Unterrichtsformen, neue Formen der Leistungsbeurteilung, Methoden der Textarbeit.

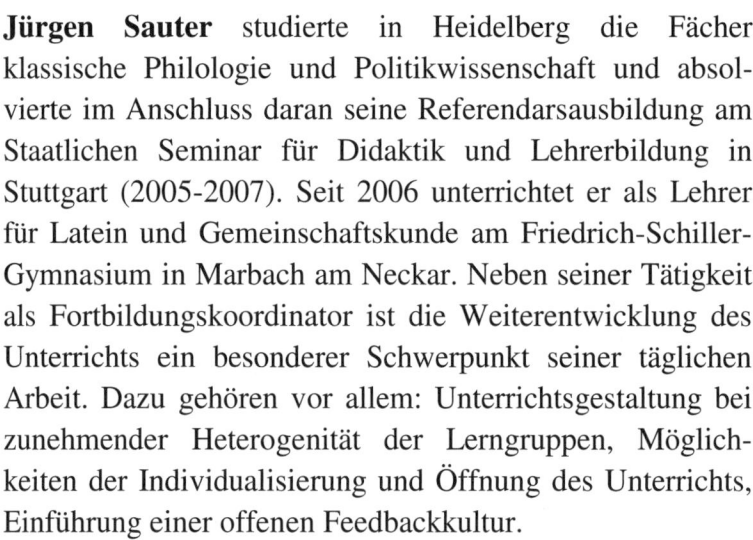

Jürgen Sauter studierte in Heidelberg die Fächer klassische Philologie und Politikwissenschaft und absolvierte im Anschluss daran seine Referendarsausbildung am Staatlichen Seminar für Didaktik und Lehrerbildung in Stuttgart (2005-2007). Seit 2006 unterrichtet er als Lehrer für Latein und Gemeinschaftskunde am Friedrich-Schiller-Gymnasium in Marbach am Neckar. Neben seiner Tätigkeit als Fortbildungskoordinator ist die Weiterentwicklung des Unterrichts ein besonderer Schwerpunkt seiner täglichen Arbeit. Dazu gehören vor allem: Unterrichtsgestaltung bei zunehmender Heterogenität der Lerngruppen, Möglichkeiten der Individualisierung und Öffnung des Unterrichts, Einführung einer offenen Feedbackkultur.

Wiebke Emrich studierte in Würzburg die Fächer Germanistik und Anglistik und unterrichtet seit 2008 Englisch und Deutsch am Friedrich-Abel-Gymnasium in Vaihingen an der Enz.